学級&授業だけじゃない！

センセイの「仕事」入門130

山本純人 著

明治図書

まえがき

「スピード」よりも「スムーズ」のための＜小さなヒント＞

この本は、学校のセンセイになりたいと思っている方、もしくは学校のセンセイになったばかりの方をイメージして書いています。つまり、題名どおりの「入門書」です。1ページに1枚の写真とそれにまつわる文章、そして隠れたポイントが２つ書かれています。番号の1番から順番に読んでもいいし、ぱらぱらとめくって気になったところを読んでもらってもいいでしょう。（もくじや左上のチェック欄（□）を活用すると、便利かもしれません）

さて、ここのところ「働き方改革」や「#教師のバトン」など、学校のセンセイに関係する言葉が使われるようになりました。その結果、当たり前の「定時に帰る」ということに視点が集まったことは、改めていいことです。

しかし、その反面「定時」という見えないゴールテープのために、スピードだけ重視の風潮がさらに広がっていることに、少し不安を覚えます。教育界では、以前から比喩的に「スタートダッシュ」や「ロケットスタート」などの「スピード」を意識した言葉が、ときどき使われます。

「てきぱき」仕事をやるのはいいことですが、ダッシュは永遠にはダッシュできません。最終的には、へとへとになってしまいます。また、ロケットに乗ったことがない人が、訓練もしないでロケットに乗ったらひどいことになるはずです。最悪「アポロ13号」のようになってしまうことだってあります。

だから、本著はどちらかというと「スピード」よりも「スムーズ」を増やすための「ヒント」となっています。もちろん、むだなことばかりで「もたもた」しては困りますが、身体に鞭を打って365日スピードだけ重視では、心がすりへって、この教育という仕事を長くは続けられないでしょう。

20年ぐらい教育の世界にいて、いろいろなことがある程度スムーズで、なめからに仕事を進めることができれば、それだけで合格点ではないかと最近は考えています。最終的に「教育」という世界は、スピードだけでは「しあわせ」になれないのです。そこをある時期までに気がつく必要があります。

いま一度考えてみても、この国は世界に誇れるような資源がありません。この国にあるのは、きれいごとではありませんが「子どもたちの可能性」です。学校のセンセイは、その「子どもたちの可能性」に直接的に関わります。大げさに言えば、この国の行く末に関わる仕事なのです。センセイの仕事は、未来につながる仕事であるとも言えます。そのセンセイたちが元気で、いい表情で仕事をしていれば、きっと未来は大丈夫でしょう。

この本には、忍法のような「術」は書いてありませんが、センセイをこっそり助けてくれるヒントはいくつかあるかもしれません。そのヒントが、１つでも必要なセンセイに届いたら、この本を書いた大きな目標の１つは達成したことになります。もしお近くで困っているセンセイがいたら、こっそりプレゼントしてもらえれば幸いです。

永き日のセンセイたちの手に未来　　　山本　純人

※永き日（春の季語）

もくじ

第 2 章　職員室・お仕事の工夫

第3章　教師人生をもう少し豊かに・リフレッシュ

第1章

教室・学級づくり

チェック □ 

001 トイレットペーパーの最大活用

教室は、こぼれるところ

きれいの準備をする

□なくなったときの補充ルールまで考える
□給食の配膳をする側に設置すると◎＝給食の「動線確認」は、しておいて損はなし

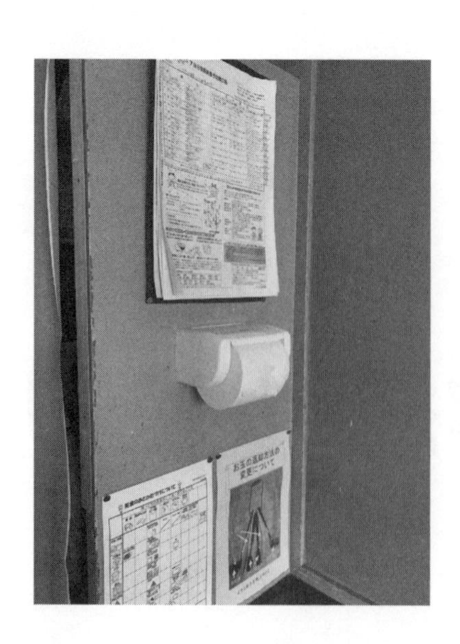

人が生活をすれば、よごれてしまうことは前提です。だからこそ、きれいにするための視点や準備が必要となってきます。

左の写真には、上部に給食の献立表があり、下部には給食の返し方についての留意点が掲示されています。その中間点に、教室ではあまり見ることがない「トイレットペーパーホルダー」がついています。

例えば、給食で焼きそばが床に落ちてしまったり、急に鼻血が出てしまったり、筆箱のペンのインクが爆発したり、いろいろな案件で、ティッシュペーパーが必要になる場合があります。そんなときに、気兼ねなく使えるトイレットペーパーが教室にあれば、問題の多くは解決できます。「誰か、ちり紙持っていない？」なんて悠長に聞いている場合ではありません。

もちろん、トイレットペーパーをそのまま裸で置いておくこともできるでしょう。しかし、治安が悪い学校だと、それで野球のキャッチボールが始まり、いたずらに活用されてしまいます。余計な生徒指導につながることは、さりげなく減らすのです。

教室をスムーズにきれいにすることも、学級担任のお仕事です。口酸っぱく「きれいにしなさい」と言う前に、きれいになる環境をお膳立てしておく必要があります。

チェック
□

002 手足が「長い」バージョンがいい

ぬいぐるみのある教室環境

いい雰囲気づくり

□禁止のルールは「投げること」だけ
□生徒も教師も自由に使えることがいい→「どうでもいいことは自由にさせる」が原則

写真がピンボケしているところは、ご愛嬌で許してください。さて、この蛙のぬいぐるみは、私が中３を担任していたときに、教室に置いたものです。

教室はいろいろなことが起きる場所です。そんなときに視線を逃すものがあるとないとでは雰囲気もまったく違います。このぬいぐるみは、手足が長いのでいろいろなポーズをとり、多様な表現もできました。面談時も活躍をしてくれました。

色については、担任の好きな色でもいいし、体育祭のクラスカラーでもいいでしょう。どちらにしても、ぬいぐるみのあるあたたかい雰囲気は、学級にいい影響を与えるでしょう。

チェック

□

003 本来の使い方では、ないけれども

ホームセンターでぼんやり

「代用品」の宝庫

□情報は、学年や学校で共有しよう
□ただし、自腹病にならないように。自腹がすぎると他学級にも影響が出るので注意

クラスを運営する中で、いくらかの金額が自由に使えることでしょう。その中で、消耗品を買ったり、行事で使ったりすることが多いはずです。

ただ、学校の事務室等にあるカタログでそのまま買うと、思ったよりも高くつきます。また、ちょうどぴったりなものがなくて頭を抱えることもあるでしょう。

そこで、助けてくれる場所があります。近所のホームセンターです。近年は、少し大きめのホームセンターがあちらこちらにある地域もあるかもしれません。

そこに先入観なく入ってぶらりとくまなく歩きます。ポイントは“先入観なし”という点です。そうすると、もともとの使い方ではないものが、学級で使えるように思えてきます。

左の写真は、本来は園芸用品であるものを学級に転用した例です。これは、苗床（種床）として使うプラスチックを、名札をしまう用に使いました。そして、誰が置くところかわかるように、ビニールテープで番号を貼れば、十分に使える代物でした。

特に、ホームセンターではお安く、ある程度の数が補えるものが買えます。農業関係のコーナーは、アイディア次第では宝の山になるかもしれません。お金を有効に効果的に使い、お安く買うのも担任の力量です。

チェック
□

004 電波時計の最大の利点を活かそう

もう1つの時計を設置する

スピード感は時計から

□時計は壊れにくい家電なのでコスパがいい
□さりげなく見るため、左上に設置しよう＝安全のため落ちないように固定を確実にする

全国の教室は、正面に時計がある教室ばかりでしょう。それにプラスして、背面にもう１つ時計を設置してみるのも、具体的で時間のロスが少ない仕事の方法です。

授業者でも担任でも、時間内に上手に終わらせることが重要となります。腕時計で、ちらちら確認するのも手ですが、授業を受けている子の集中力を切らす行為となります。

最近では、安価な電波時計も売っています。電波時計であれば２つ時計があってもずれることはありません。時計を見て行動しなさいと言う前に、まずは時計を用意しましょう。

チェック

□

005 時計についているプログラム機能

未然に防ぐ勝手にチャイム

準備をさせるのだ

□朝の時間等、先生がいない時間にぴったり
□でも、多用は厳禁。ここぞ！という時間を、子どもたちと一緒に決めていく

クラスによっては落ち着かない雰囲気の場合もあるでしょう。だからと言って、教室にへばりついて「監視」みたいな考えも避けるべきでしょう。子どもたちがすっ――と動いたり始めたりする「きっかけ」を準備してみましょう。

下の写真の時計には、実はチャイム機能があり、ちょっとした音で「時間」を伝えてくれます。つまり、予鈴的な使い方ができます。目に見えない時間を音で伝えて、自分たちで動ける環境をつくるのも、１つの方法です。意外と知られていない方法ですが、効果があります。教室の中で使う場合は、学級に予鈴が届き、廊下等で使えば学年全体に予鈴が届くのです。予鈴が行動の準備につながることは、あとで「いいね」を伝えるチャンスになります。

チェック □

006 いつも教室にいない教科ほど黒板

きれいな黒板には秘密あり

短いチョークが鍵

□黒板消しにも仕掛けがあると◎
□いい状態の黒板で授業が始められるときは「うれしいよ。ありがとう」、と伝える

必要以上に汚い教室で授業することは、精神的にもよくはありません。手術室のような無菌である必要はありませんが、ある程度整った状態でできれば、気持ちよく授業ができるものです。

20年ぐらいこの世界でやってきましたが、黒板のまわりがある程度整った教室と、そうではない教室に二分されます。

ポイントは、短いチョークの取り扱いです。ちびたチョークがいい感じに処分されている黒板まわりは、だいたい落ちついた教室のような気がします。簡単なことですが、短くなったチョークを捨てる仕組みがあれば、この問題は解決するのです。私の場合は、白いビニールテープを黒板の溝に貼り、その長さよりも短いものは「さようなら」と書いておきます。写真の左下には、実はごみ箱がありますので、一瞬で処分です。

以前、ご一緒したベテランの体育科の先生（男性）が、「担任が教室で授業をしない教科（実技教科や理科など）の先生のとき、黒板回りが不思議ときれいだったら、その先生の力量は本物だよ」と教えてくれたことがありました。

そのときは、深い意味はわかりませんでしたが、やっていくうちに少しずつわかってきました。つまり、先生がいなくても、きれいにするシステムを構築する力の有無が問われるのです。“使ってもきれい”なのが、理想型です。

チェック

□

007 位置と大きさが、上手を超える

クレームを言われない文字

曜日を気にしよう

□横書きの最終ラインも、曜日以上にする
□板書で困ることを、子どもたちに率直に聞いてみるといい＝受益者の声に真実あり

黒板の字が、誰が見てもうっとりするような美しい字であれば、それに越したことはありません。しかし、全員がそうはなれないのが現実です。

以前、子どもたちに「国語」のときに黒板の板書で困ることは？　というアンケートを取ったことがあります。結果の上位２つは、次の意見でした。

- **縦書きで、黒板の下まで書いたとき**
- **黒板の文字が、拳よりも小さいとき**

どちらも建設的な結果だなと思った記憶があります。つまり、この２つは、すぐに改善の余地があるのです。

個人的には、国語で縦書きをするときは、右端にある曜日よりも下にならないように気をつけています。日直の名前等が書いてあるところまで書くと、座席の後ろからは見えづらいです。また、文字の大きさで一番小さい文字の単位は、自分の拳よりも小さくならないように意識しています。自分には大きく見える文字（当たり前です。字の近くにいるのですから……）も、黒板に遠い席から見るのは厳しいでしょう。

どちらも、明日から改善ができることです。書くことがゴールではなく、届くところまでをゴールとしたいものです。

チェック

008 シールの色と大きさで区別する

黒板をきれいに等分する印

〈四等分〉と〈三等分〉

□事務室で使われていないものを発掘する
□これからは黒板をどんどん子どもたちに使ってもらえるような〈授業計画〉を考えよう

対話的な授業が増えて、黒板が子どもたちに解放されるようになりました。グループの意見がわかりやすいように、黒板に区切りの線を入れる場合もあるでしょう。そんなときに、黒板の上部に工夫があれば、子どもたちでも、さっと分けるための線を引くことができます。

事務室に行くと、色つきのシールが眠っている場合があります。それを活用するのです。

例えば、四等分するときは赤の大きめのシール、三等分するときは黒の小さなシールと、色と大きさを決めてしまいます。そうすれば、誰でもすぐわかります。また、このシールは掃除の際、黒板を複数人で掃除するときの、担当区分にも使えます。

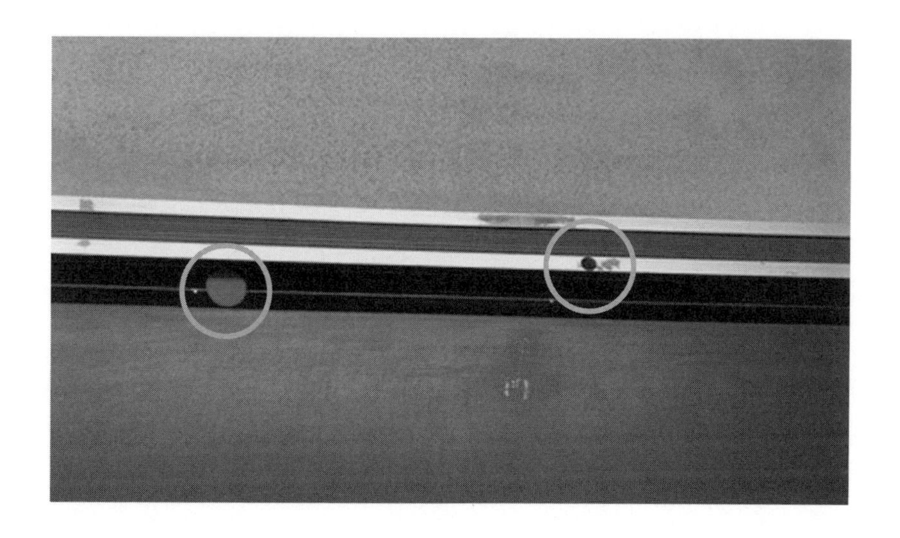

チェック
□

009 ストレスなく書ける黒板も演出

黒板の張り替え調査の有無

毎日使うんだから

□きれいになりにくくなったら替えどき
□背面等に黒板があれば、一緒に替えてもらうことも「選択肢」の中に入れておく

　これほど使われ続けるものはないぐらい「黒板」は毎日使用されます。永遠に使えるものと思われがちですが、使っていくと次第に書き味も消し具合も悪くなります。

　市区町村で対応が違うかもしれませんが、だめになった黒板（含：だめになりそうな黒板）を張り替えてもらう相談をしてみましょう。私は自分が使う教室は可能な限り、新しい黒板に替えてもらっています。だめもとで管理職や事務室に相談からスタートです。もし、希望が通ったらラッキーぐらいで相談してみてはどうでしょうか。

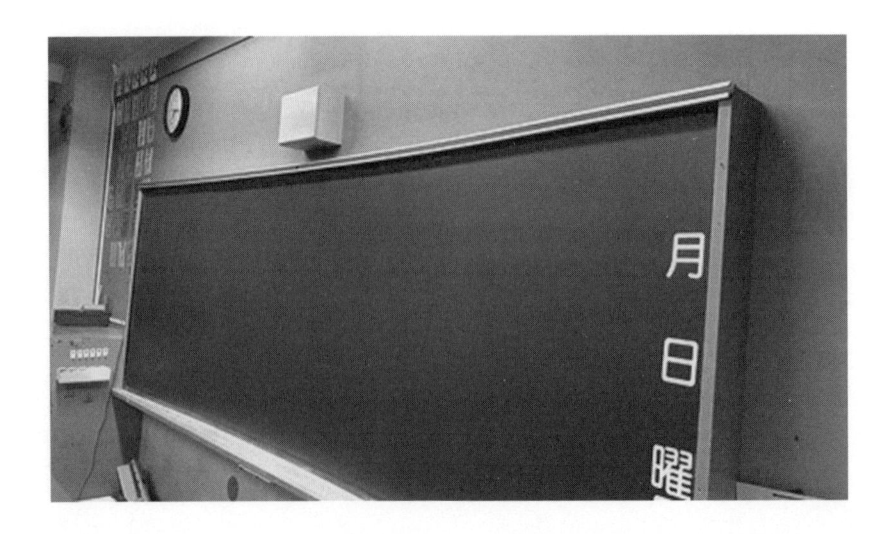

チェック □

010 掃除の時間で、上手に補給する

チョークでイラッとしない

黒板下の付属品△

□置く場所は教室の「つくり」と要相談
□いろいろな考えがあるが、使う色は４色（赤／青／緑／黄）まで

英知が詰まっているのかもしれないけれども、あの黒板に付属しているチョークの箱が苦手です。理由は小さいチョークの巣窟になったり、粉がたまったりするからです。100円均一に行くと、ちょうどチョークの長さより、少しだけ大きいプラスチックの箱が売っています。これがおすすめです。色別に新品と中古が管理できます。そして、何よりも残量がわかるので、不足することがありません。使える長さのものが、使えるだけある状態をつくっていき「つづける」ところがポイントです。

チョークの管理は、その先生の教室づくりの力量のバロメーターと言えます。時間があるときに、チョークの管理方法について聞いてみるのもいいでしょう。

チェック
□

011 一番上の引き出しは小物の王国

小さいものから壊れる秩序

区切りでつくる秩序

□ある意味の定員制→選抜して収納する
□区切りに入らないものだけ、奥に収納する→頻度ではなく〈大きさ〉による収納基準

基本的に、引き出しは３段に分かれていることが多いです。そして、上から下へ、段々と幅が広くなっていきます。つまり、１番上の引き出しは、狭い引き出しです。主に、小物をしまう場所です。

トレーで整理整頓している方もいらっしゃるかとは思いますが、おすすめは区切ってあるもの（写真参照）です。区切ると、必要以上にぎゅうぎゅうになりません。また、元の場所に戻す習慣も、自然と身につきます。そして、整理整頓状態が続くでしょう。写真を見るとわかりますが、指サック・SDカード・印鑑・クリップ・替芯などに、具体的な小部屋を与えています。

チェック

012 覚えられないようでは意味がない

目標は短く覚えられること

近年はちょっと長め

□各地の校訓も短くて参考になる
□こんなことを大切にしたいなと考え、それを単語にする行為は大きな意味がある

個人的な感覚ですが、いろいろな目標がだんだん長くなっている気がします。目指す学校像等も「あれもこれも」入れて、なんだか覚えるのに、かなり気合が必要なものが少なくありません。

学期等の個人目標、学級目標、行事にむけての目標、学年目標等……。１年間で、子どもたちが立てる目標は、冷静に数えてみると本当に多いことがわかります。

以前、「目的」と「目標」の違いを調べたことがあります。共通する漢字は「目」です。違いは、２文字目にあります。「的」は、弓道で考えると遠くにあるものです。逆に「標」は訓読みすると「しるべ」です。“道標”のように使われます。

そう考えると、「目標」は途中の目印のようなものだと思えます。目印が長い文言だと、覚えきれず意味が半減してしまう気がします。だから、私は目標は、ひと息で言えるぐらいの短さをポイントにしています。

写真は、私が学年主任をやったときの学年の目標です。指を折って数えると５・５・５で合計15音になりました。ひと息で言える長さかなと思います。俳句と同じように17音以内であれば、多くの人がひと息で言えるでしょう。目標と目的について、よく考えてみると、いろいろなものが見えてきます。

チェック □

013 あとで知っても、手遅れな場合も

朝に日記を書かせてみては

当たり前を見直す

- □先を見通して書くこともできるように
- □対応が必要なことが書かれている可能性があるので、なるべく午前中に目を通す

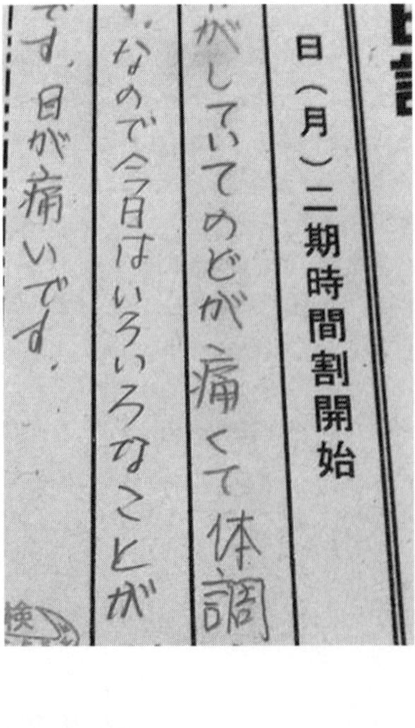

児童・生徒に何か書かせる取り組みは、今も昔も同じように行われています。一般的なのは、1日が終わり最後に書く形でしょう。今日を振り返って書くタイプのものもあれば、お題（＝テーマ）があって書くタイプのものもあります。

昭和の時代は、学校の中でいろいろなことが完結していました。しかし、平成→令和の時代は、学校が終わってからもいろいろなことが起こる時代です。

例えば、SNS を介した人間関係のトラブル（含：スマホの使い方）、保護者と児童生徒のトラブル（含：夫婦間の問題）、課外活動や学習塾による忙しさ、他にもいろいろなことがあります。つまり、「さようなら」をしてから「おはようございます」の間に、子どもたちはさまざまな出来事に直面しているのです。

それをキャッチするために、朝に日記を書かせてみるというのも1つの方法です。朝に問題が把握できれば、対応も後手にはなりません。先手を取ることができます。もし、放課後わかったとしても、対応が勤務時間外になることを防ぐことができます。

問題が多い状況であれば、逆転の発想で朝に日記等を書かせてみるのも、今日的な手法です。もし心の中でいいなと思ったら、試してみる価値は“あり”ます。

チェック □ 

014 お返事は、文字なのか・声なのか

返事が欲しいとき“●方式”

欲しいか見極める

□最初に、やり方と意味を伝えることが大事
□普段あまり使われない緑色のボールペンを使い、柔らかく返事を書いてみよう

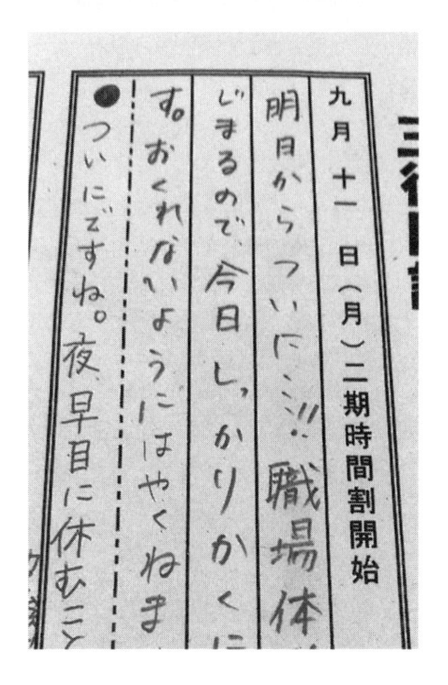

日記等にコメントをつける手法は、大昔からあります。時間が無尽蔵にあり、他に仕事がない場合は、コメントに時間をたくさんかけることができるでしょう。

しかし、最近はいろいろな仕事があるので、コメント書きに多くの時間を使うわけにはいきません。一方で、返事を求めているものも中にはあります。そのあたりの時間のバランスをとる必要があるのです。

私は、近年日記等の片隅に○を印刷しておきます。「もし、コメントを書いて欲しい場合は、○をぬりつぶして●にすること」と、子どもたちに伝えます。つまり、返事を欲しているかが、はっきりわかるようにするのです。○のままのものは、読んで検印等を押して終了です。その浮いた時間で●の子にコメントを書きます。

しかし、○ながら「これはどうしてもコメントをしたいな」というものは、本人の状況や、タイミングをみて声をかけます。ポイントは、その日のうちに「タイミングよくさらっと」です。

子どもたちはお年頃で、自分が書いたことに触れて欲しいけれども、それを素直に表現できない時期もあります。コメントの内容もそうですが、子どもたちの状況をよく見ることが大切なのは、言うまでもありません。

チェック □ 

015 消すことができるからお気軽

ご自由に〈ホワイトボード〉

連絡もご自由に

□“ご自由に”使えることを改めて伝える
□ホワイトボードを数枚用意しておくことも忘れずに→ペンのインクもいつも補充

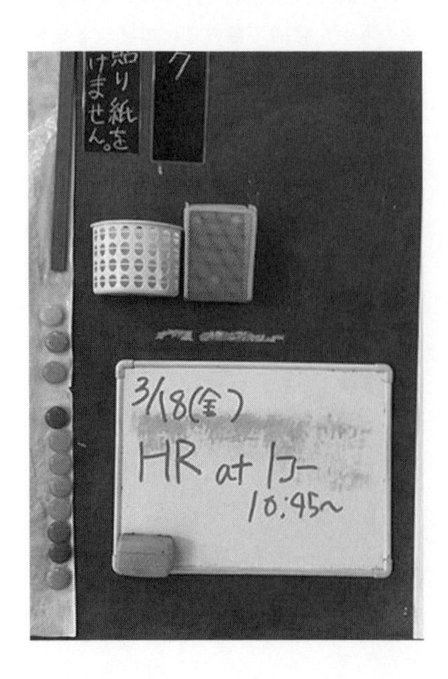

子どもたち同士で、伝えたいことがある場合に、自由に使えるホワイトボードを用意してみると、教室の雰囲気は確実に変わっていきます。

意外と、チョークを使って文字を書くのは、子どもたちにとってハードルが高いです。普段使い慣れていない道具を使って書くのは、やはり敷居が高くなります（先生はいつも使っているから、そうは思わないかもしれませんが……）。あと、チョークで書くと消した跡が白くなったり、チョークの粉が飛び散ったりと後始末も面倒です。ホワイトボードの最大の利点は、書けること以上に「消せる」ことに尽きます。禅問答ではありませんが、消せるからこそ書けるのです。

クラスが目指すところの１つに「自治」が考えられます。自分たちのことを、自分たちで考えて、自分たちで決めていくのです。そのための道具や場所がなければ、いくら思想があっても意味がありません。そして、人を傷つけなければ自由に使える雰囲気も必要となります。

これは職員室の雰囲気にも同じことが言えるでしょう。もし、校長が『走れメロス』の暴君ディオニスみたいだったら――とイメージするとわかります。人を信じることから、自由な雰囲気は広がるのです。

チェック □ 

016 「マスキングテープ」の可能性

使えない壁を、使える壁に

教室サイズは同じ

□少し太めのマスキングテープがおすすめ
□なるべく太めのペンを使って書くと、どこからでも情報が見やすくなる

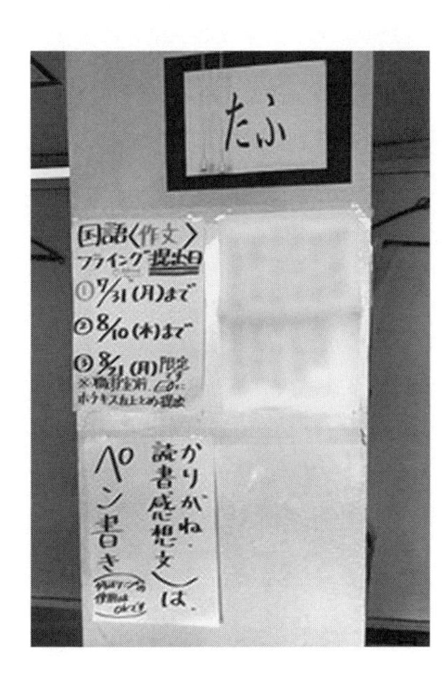

ユニバーサルデザイン（UD）の関係で、教室前面の情報がしぼられていることは、とてもいいことです。まだ、黒板のはじっこに未提出者のリストが貼ってあるような学校に赴任すると、またここからスタートかと、少しだけげんなりします。前方には、本当に必要な情報だけにするべきです。生徒に授業に集中してもらうために、必要な視点となります。

一方で、いろいろな情報を提供しなくてはいけません。提出物（含：〆切）であったり、打ち合わせ場所であったり、準備物であったり、必要な情報はたくさんあります。背面に貼るのも１つの方法でしょう。しかし、背面は完全に振り返らないと目に入らないというデメリットもあります。

実は、ポイントになるのが左右の壁や柱です。特に、柱は死角です。私はここを掲示スペースとして、情報を提供しています。ただ、ペンキがあるので直接貼るとはがれてしまう危険性が……。

そこで活躍するのが、工事現場等で使われるマスキングテープです。基本的に壁を保護するために使われるものなので、丁寧に使えば、掲示スペースの拡大に本当に力を貸してくれます。

掲示スペースがなければ、工夫してつくればいいのです。情報は早く確実に伝えることがとても重要になります。

チェック

017 朝の追加の情報の「取り扱い」編

大きな紙にメモをする視点

小さな紙では意味×

□使う色にも重要度の意味を持たせよう
□ A3という大きめのサイズなので、保管場所は磁石付きクリップで足元にキープ

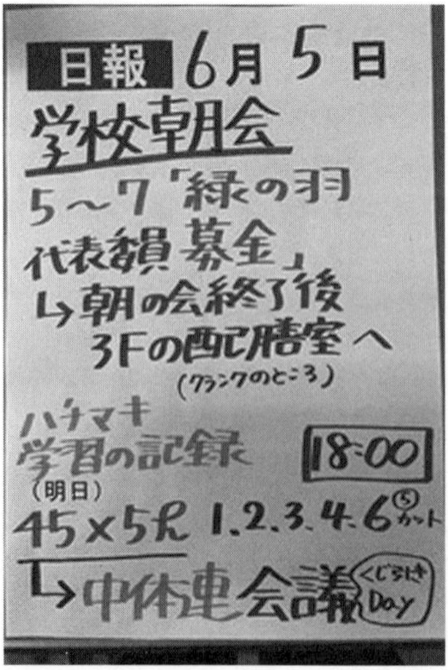

「わちゃわちゃ」してしまう教室の条件に、伝達するときの文字が小さいことがあげられます。担任の先生が、朝の職員会議や学年等の打ち合わせで、急に言われたことを一生懸命に書こうとします。情報をもらすまいと……。しかし、机の上で読める字も教室に貼るとなると、読むにはふさわしくない大きさの文字となります。小さくて気がつかれる可能性が減り、ミスや失敗が続く悪循環に陥ります。文字の大きさは、馬鹿にはできないのです。

それを予防するために、私はA3の紙に【日報】と印刷します。あと日付と、下部に「明日」と書いておくといいでしょう。これに必要な情報は書き入れます。ポイントは、A3の紙であることです。これがA4ぐらいとなると、座席によっては見づらい文字のサイズとなってしまいます。

もう1つのポイントは、A3の紙に書ききれないときは、もう1枚、別のA3の紙を使うことです。1枚にまとめようと思うと、文字が小さくなります。情報は届いてこそ価値や意味がうまれるのです。

私の場合は、太字のペンで書くことをベースとしています。いつも念頭には、視力が悪くても見えるようにというイメージがあります。イメージの有無が、学級づくりには必要です。

チェック

018 意外と、特化したものがない

提出物/小テスト専用掲示板

担任が〈評定〉に影響

□欄の幅を大きくして、複数書けるように
□赤ペンは、「とても大事」なときに使う→なんとか提出物で〈赤点〉を防ぐ水際作戦

「説明責任」という言葉のもと、10年前よりも提出物や小テストが増えているように感じます。同じように、保護者の印をもらう書類もまだあります。

教室を見て回ると気がつきますが「提出物」「小テスト」に特化した情報コーナーはそれほどありません。他の情報と一緒に掲示されているものはありますが、この日に「これをやらなくちゃ」と、視覚的にすぐわかる掲示は少ないです。

そこで役立つのは、貼ることができる「ホワイトボードシート」です。背面の黒板に、あまり使われない「月予定」を書くスペース等があれば、その上から貼ってしまうのです。黒と赤のホワイトボード用のペンを用意しておけばあとは大丈夫です。

書いてくれる人を募集するのもいいでしょう。係活動や委員会活動（会社活動があれば会社活動）に関連づけるのも、1つの方法です。具体的な数字と、色の工夫、囲みと矢印などの使い方を最初に教えておくと、継続して効果が続きます。

高校では、担当している学級で通称「赤点」の子がいるのといないのとでは、仕事量がまったく違います。不必要な「赤点」を取らせない「場」の工夫は、担任が十分にできることです。子どもたちが、自分たちで運営できる掲示物がどれほどありますか。

チェック

019 教務手帳の上欄ならば、忘れない

その子の誕生日に〈氏名印〉

年度当初の“小技”

□長期休暇の子どもへの対応は忘れずに

□同じ学年を組んでいる同僚の誕生日も、子どもを使って聞いてみるのも１つの方法

　誕生日に「おめでとう」のひと言ぐらい伝えたいものです。しかし、誕生日一覧のような掲示物をつくらない限り、誰がいつ誕生日かわかりません。そこで、小さな工夫ですが、隙間時間で教務手帳にその子の誕生日を氏名印で押してしまうのです。担任であれば、40人押すのに、それほど時間はかかりません。例えば、給食を食べてしまう前の時間や、食べ終わったあとの「ごちそうさま」までの時間は、年間を通して使える時間です。そういう時間を使って、年度当初に押してしまいます。そうすれば、忘れることはありません。本人に伝えることはもちろん、誕生日前後で保護者に会ったらお祝いを伝えることもできます。

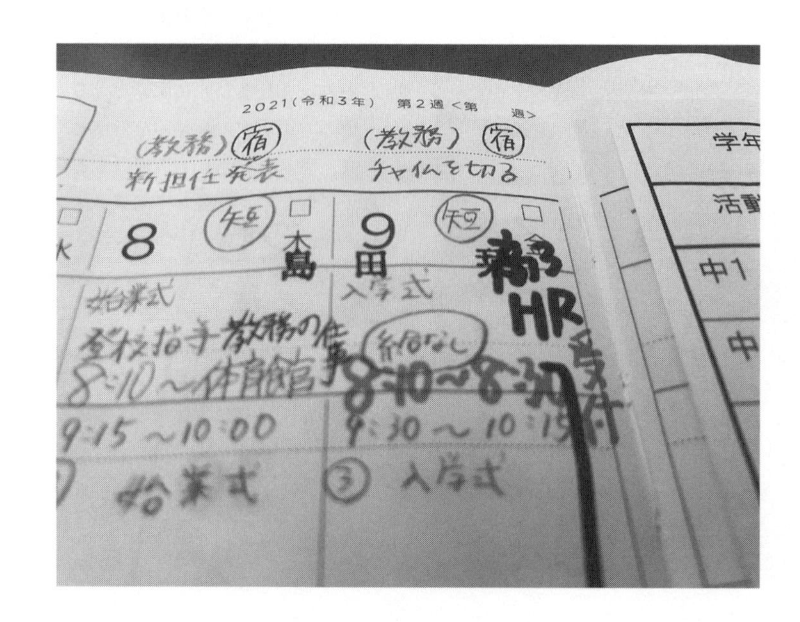

チェック

020 口うるさくよりも目うるさい方法

伝えないとよく伝わらない

目情報でくり返し

□口で伝えると効果的な情報と分ける

□同じものをずっと貼らない。情報の賞味期限を意識して、どんどん変えていく

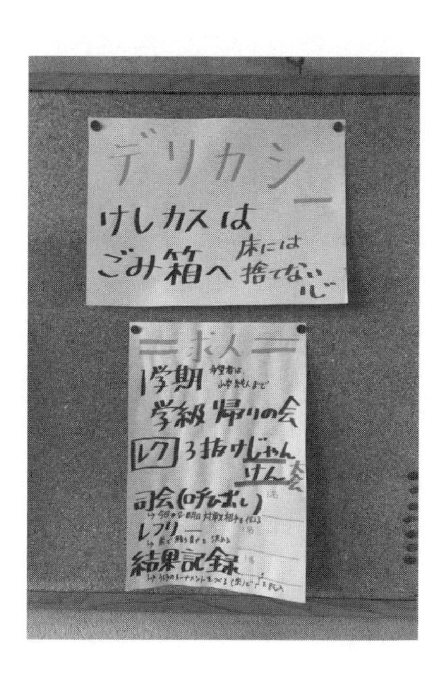

人間は、情報の多くを目から取り入れるのです。しかし、そのことを忘れてしまって、ついつい「口で言えばいい」と勘違いしてしまうことが多々あります。

お年頃な生徒たちは、口酸っぱく耳にたこができる手法ばかりだと、耳を貸さなくなってしまいます。だから、注意しなくてはいけないことやくり返し伝える必要がある情報は、掲示で対応です。

印刷室等に裏紙として使える紙をキープしておき、水性のマジックでさらっと書いて掲示で、終了となります。例えば、左の写真は、コルクボードに定期試験のときの消しゴムについて書いたものです。定期試験のときは、掃除の時間が短かったり、ときにはなかったりします。伝えておかないと消しゴムの「カス」を机から、何事もなかったかのように、床に捨てられてしまう可能性があります。

先に掲示しておいて、消しゴムの「カス」をごみ箱に捨てに行く子がいれば、その行為について感謝を伝えます。怒るための掲示ではなく、「Good job」と伝えるための掲示にしたいものです。

中学校・高等学校の担任は、小学校と違ってずっといるわけではないので、目で伝える意識が担任には必要となってきます。伝えないことは伝わらないのです。

チェック

021 氏名印を押してネットで焼き増し

格安写真で賞状を渡す裏技

領収書も手に入る

□実行委員やリーダーは氏名印を押す位置も配慮
□領収書も簡単に手に入るので、きちんと請求する＝安易な自腹はしない

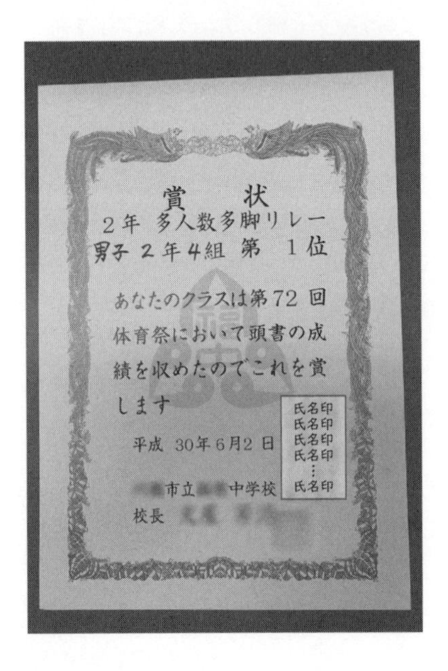

体育祭／運動会や合唱祭など、いろいろな場面で賞状が手渡されます。個人賞みたいなものもあれば、数人でもらうもの、学級全体でもらうものなど、渡す対象がいろいろとある賞状が多いのが現状でしょう。

個人の場合は、その子の名前が書いてあるからいいと思いますが、複数形を対象とした賞状の場合、誰がもらったのかわかりにくいときがあります。そんなときは、賞状の余白に該当者の氏名印を押してしまうのです。手書きだと誤字等の失敗の危険性もありますが、氏名印ならば安心して押せます。

賞状の問題点は、１枚しかもらえないことです。しかし、対象が多人数の場合には困ってしまいます。そこで役立つのがネット印刷の写真です。調べてみると、１枚５円もかからないものが見つかるでしょう。学級費や生徒会費から捻出しても、それほど痛手にはならないはずです。

GIGA スクールで写真等を送る／贈ることが簡単になりますが、一方でアナログな写真の価値も、捨てたものではなくなります。

賞状の取り扱い１つとっても、方法は１つだけとは限りません。いろいろな方法をためし続けるところに、「たのしみ」があります。新しい時代の新しい方法も模索してみましょう。

チェック □

022 初見ではなく、見る時間の確保

無駄に説明しない手書き！

黒板に貼っておく

□心配性な子には、早めの情報が安定剤
□手書きでさっと書きます。パソコンを使うのはどうしてもの場合だけ

口で説明しづらい情報も中にはあります。聴覚での情報処理が苦手な子もいます。だからこそ、朝の黒板に朝の会で説明が必要な「紙」を貼っておくのです。つまり、紙での情報張り出しです。登校時間にばらばらと子どもたちは、教室に入ってきます。そして、朝の会がはじまるまでの時間が、それを見られる時間です。その後、朝の会でポイントを補足説明します。いきなり説明されても、もれてしまう子がいます。その率を下げるためにも、事前に見ることができるような配慮が必要です。そうすれば、困ったときに、子ども同士で助け合うことも十分にできるようになります。大人がいなくても大丈夫な情報保証をしましょう。

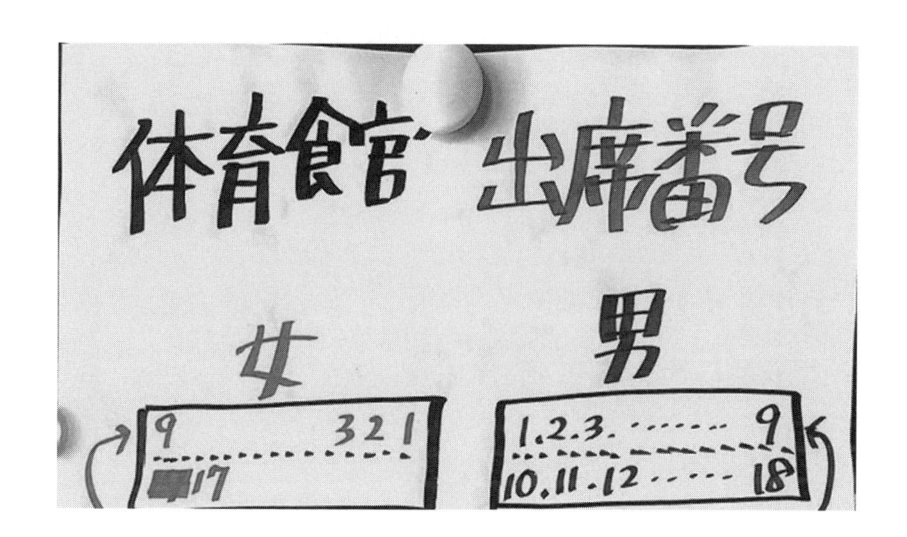

チェック

023 担任は、ずっと「教室」にはいない

A3紙で具体的に伝える

先読みは情報から

□間違ったら、毛虫でごまかすので十分
□書くことで「担任」のアタマも整理する＝忙しいときこそ、丁寧に書き残しておく

中１ギャップで、個人的に問題になっていると感じることは、すぐ質問できる環境にないということです。小学校はいつも担任がいるけど、中学校以降では……。

だからこそ、子どもたちが知っておいた方がいい情報は、確実に伝えることが重要です。小さなホワイトボードに書く先生もいますが、私は自身の学校で使える最大のサイズ、A3コピー紙に書いて教室に掲示しています。週予定と日報を掲示しておくことで、子どもたちが具体的に動ける仕組みをつくるのです。いつ／どこで／だれが、を、太く書くのが上級者です。

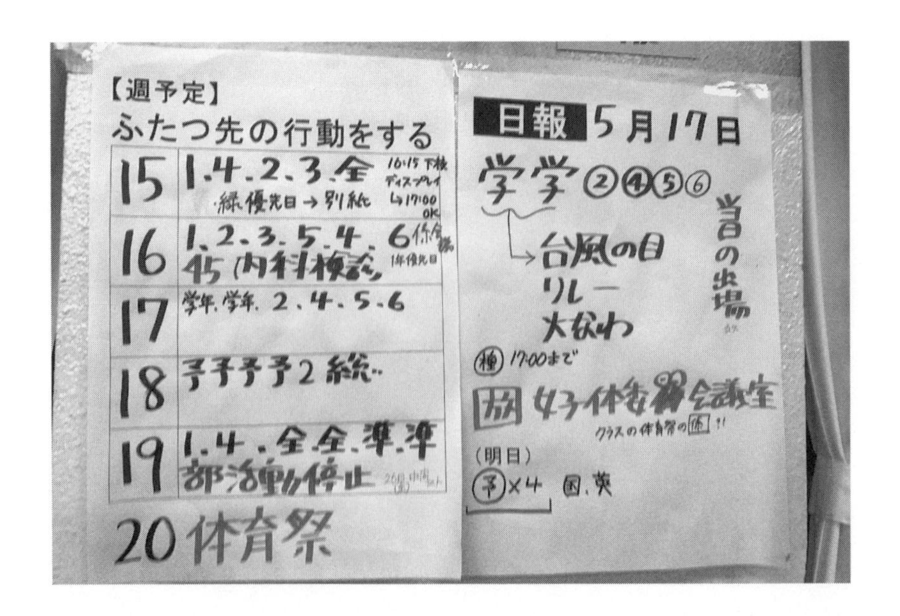

チェック

024 貼ることよりもはがすことに主眼

掲示物の賞味期限を書いて

はがしたくなる工夫

- □曜日まで記入して思い切ってはがしてもらう
- □教室掃除の仕事の中に組み入れてもいい→自動的にきれいになる仕組みをつくる

「教室に掲示してください！」と配られるプリントも多くあります。これが意外と曲者です。上手に付き合わないと、見苦しい掲示物になり果てていく可能性があります。

最大の対処法は、右上に「はがす日付」を書くことです。つまり、プリントに賞味期限を設けます。情報の賞味期限が切れたら処分するのです。あとは、学級内の仕事にしてしまえば、いつも鮮度の高いプリントが掲示されている状態になります。やはり、紙との上手な付き合い方の基本は、具体的な「捨てる」ことからの逆算なのです。

チェック
□

025 「担任なり」のルールを確立する

紙の処理に各自のルールを

紙はどこへ行く？

□他教室をのぞいて紙の行方を確認しよう
□大掃除でサイズ別に分別して再利用＝学習プリントは希望者にあげてもいいかも ?!

子どもたちには、「これでもか！」というほどプリントが配布されます。そのあまった紙の取り扱いについて、担任なりのルールをつくることが大事です。ルールがない教室は、無法地帯となります。とりあえず、あまった紙の行方を決めることから始めませんか？　これについては、いろいろな人のやり方を参考にするといいと思います。

試してみて、最終的には気に入った方法を１つ選び、年間通してやってみることです。紙は１か所に集合させます。捨てる日も事前に決めておくと good です。

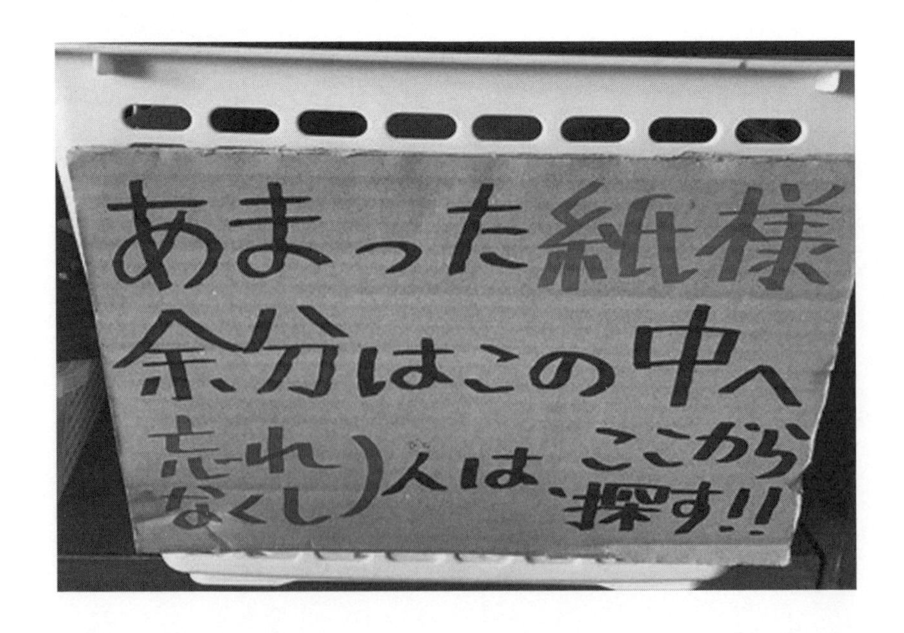

チェック □ 

026 〈額縁〉を使わないと決めてしまう

黒の色画用紙に銀色のペン

賞状の新しい掲示

- □賞状に直接画鋲を刺さずにすむメリット
- □賞状以外にも、クラスの記念写真などを貼るという汎用性の広さもある便利な方法

日出間毅先生に教わった方法です。学校現場では、行事等で賞状をもらうことが多々あります。その賞状の「賞味期限」を長くするための工夫が、黒い画用紙に貼って、必殺の銀のペンでコメントを書くこの方法です。

「黒だから白」と思うかも知れませんが、ポイントは銀色なのです。銀で書くと数倍文字が映えます。味のある掲示物となっていくでしょう。

額縁に入れると、権威的になり厳かになります。ただ、クラスが解散するときに、どうしようか思案に暮れてしまいます。その対処法がこの黒画用紙法です。希望者がいれば、そのままプレゼントできます。もちろん、自腹で額縁の数をたくさんそろえる必要もありません。

チェック

027 職員室内に、提出禁止条例制定

〈箱〉先生への提出物はここ

スマートに、回収

□箱がなければ技術科の先生に甘えてみる
□基本は、無用なものは集めない方向で

「説明責任」という言葉が市民権を得たあたりから、提出物にうるさくなった気がします。「もの」が出ている／出ていないの線を、はっきりさせたい先生が増えたからでしょう。ゆえに、職員室に「◆◆先生、いらっしゃいますか？」と提出物のために訪ねてくる生徒が、毎年増えている感じがします。それに対して、対応をする先生ご本人はもちろんですが、不在のときに代理で対応する先生も、実は時間を奪われています。手元の仕事をたびたび中断するほど、効率が悪いことはありません。困った問題なのです。

私は職員室前の廊下に左の写真のような木箱を置いています。俳句箱とありますが、私に関する国語の提出物は、この中に入れるルールです。つまり、職員室に私を訪ねて提出物を出す子は絶滅危惧種なのです（ただし、いたずらの誘発装置となるので、生徒指導上、治安の悪い学校ではおすすめできません……）。係が集めたもの、出し忘れた子のもの、公欠の子のものなどがこの中に入ってきます。工夫は、１組から４組までが順番になるように「掲示」している点です。つまり、一番上が１組の１番で、一番下が最後の４組です。遅れて出す子は、自分で自分の位置に出すので、先生が並べかえる手間は、発生しません。手間は事前に刈り取るのが、王道です。

チェック □

028 未提出が、わかるまでのプロセス

ぬりつぶし提出物管理方式

太字の水性ペンで

□提出物名・少し早めの〆切を書こう

□子どもたちにも自由に使っていいよ！　と伝える→教科の提出物の確認で使っている

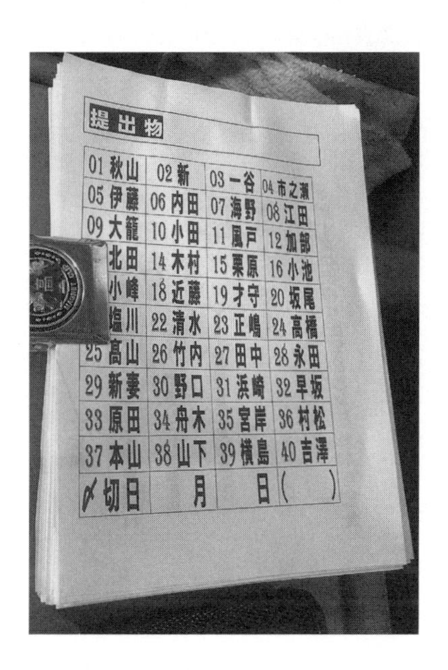

提出物

01 秋山	02 新	03 一谷	04 市之瀬
05 伊藤	06 内田	07 海野	08 江田
09 大籠	10 小田	11 風戸	12 加部
北田	14 木村	15 栗原	16 小池
小峰	18 近藤	19 才守	20 坂尾
塩川	22 清水	23 正嶋	24 高橋
25 髙山	26 竹内	27 田中	28 永田
29 新妻	30 野口	31 浜崎	32 早坂
33 原田	34 舟木	35 宮岸	36 村松
37 本山	38 山下	39 横島	40 吉澤
〆切日	月	日（　）	

　これから GIGA スクールがどんどん進むと、紙で何かを提出することも減るでしょう。また、捺印（印鑑）も減らしましょうという動きと連動して、教育現場では印を押す書類も少しずつ減ると予想します。

　しかし、完全に0になるまでにはまだ時間が必要な気がします。減れば減るほど、紙で提出される重要な書類の取り扱い方も大切になります。

　特に、仕事が立て込む「４月」は紙の取り扱いが要注意な月です。どうしても紙で提出しなくてはならないものが、たくさんあります。いろいろなことを同時にしなくてはいけないので、記憶があやふやになりがちです。特に、何かをしているときや移動中に、急に手渡しされた「書類」などは、行方不明になる可能性を秘めています。

　私は、左のようなA5サイズの名簿をつくっています（年度当初にA5サイズで印刷します。多めに印刷をしたのち裁断して完成です。もしあまったら、次年度のメモ用紙となります）。大きな工夫は、名前の幅が太めのペンの幅とちょうど同じようになっている点です。提出されたら、その子の名前の上を太めのペンでなぞります。結果、名前は消えて少しずつ未提出者が浮かび上がる仕組みです。名前を書き出すのではなく残る方式なので、無駄な手間もありません。

チェック

029 再提出にも〈賞味期限〉を設けよう

再提出印と〆切はセット

「名なし」はなし

□ある程度の余裕のある〆切設定を
□〆切を過ぎてしまったら、もう「時効」扱いにしてしまう厳しさも併せもつ

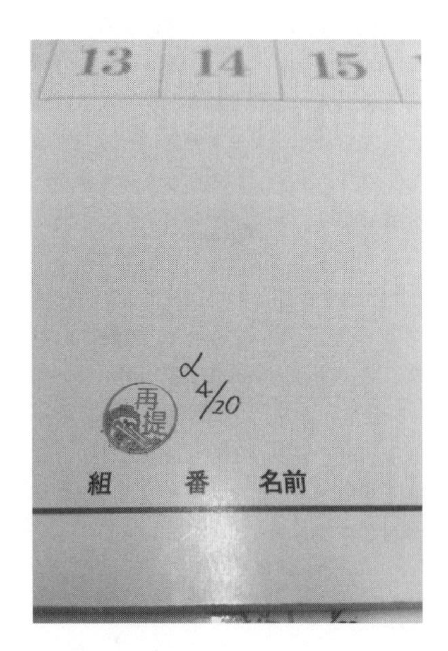

裏面に名前がなかったり、「とばし」があったり、いろいろな条件での〈再提出〉が考えられます。

私の場合は、再提出のハンコをシャチハタでつくって押していました。色は、赤色だと目立たないのであえて緑色です。

そして、再提出の〆切をボールペンで書いて、こちら側の再提出の準備は終了となります。

名前がわからなくて、目くじらを立てる必要はないのです。ここのところは、いろいろな考えがあるかと思いますが、「誰の問題」か考えるとすっきりするでしょう。

つまり、名前を書いていないという問題の責任は誰にあるのか？　シンプルに考えます。もちろん、名前を書かなかった本人です。そして、そのことについて「再提出する必要があるよ」と伝えるところまでの責任は先生側にあると、線引きをしてしまいます。

発達段階に応じた指導も必要ですが、だんだん年齢が上がってくれば、本人に自覚させるための指導も必要です。名前がわからなくて成績に入らなかったら、困るのは、本人なのですから。ここを勘違いして、問い詰めたり追い詰めたりする必要は、まったくないのです。

チェック
□

030 子どもたちは、答えを持っている

子どもに訊いてみるんだな

困っていることは？

□聞いた以上は具体的に動く
□やってみることが大事＝うまくいかないときは、また次の一手を考えてみよう

教育現場では、迷ったり、困ったりすることがたくさんあります。経験が豊富であっても、ときの流れとともに、逆にその経験が邪魔をする可能性もあります。

内容にもよりますが、判断が揺れたときは、子どもたちにさりげなく相談してみるのも一手です。大人の思考ではなく、子どもたちの思考で、答えにたどり着くことも、多々あるでしょう。前例にはない、いいアイディアと出会うこともあります。まずは、耳を傾けることからスタートです。

もしかしたら、想像もしないことを言われることがあるかもしません。想像だにできなかったことこそ、逆転の一手になり得るのです。子どものアイディアには、いつもすごいと思い知らされます。

チェック
□

031 それほど高価ではないが効果あり

思春期だから泣きがはいる

備えあればちり紙

□すぐにそのまま渡せるポケットティッシュがおすすめ
□そっと〈ごみ箱〉も用意する心遣い＝たくさん泣いてすっきりすることもあるのだ

学校現場は、ある意味「トラブルでできている」部分がたくさんあります。また、お年頃な子たちがたくさんいるので、感情を抑えきれない場面にも多々遭遇します。

そんなときに、すっ——とちょっと高価な「ティッシュ」を渡せるように、引き出しに入れておくのです。涙が止まらないときにそっと渡して使ってもらいます。ひと泣きする間、黙って使ってもらえばいいのです。小さなことかもしれませんが、学校現場では、なんだかんだ起こることに備えるのも、１つの仕事なのです。

チェック
□

032 よく起きる「問題」から逆算して

子どもの気質が意外と重要

地域性や校風理解

□板目に貼ってぴらぴらしないようにする
□教室で一番目が悪い子が教室の端から眺めて楽に見える文字（font）の大きさ

自分のやりたいこととは別に、その学校、担当学年の「雰囲気」をざっとでいいのでつかみます。それに地域性や学校の雰囲気を加味してイメージします。具体的には、その学校でよく起きる「できごと」「問題」を紙に書いてみます。つまり、起こりがちな「こと」を把握するのです。把握の次は、それに効きそうな「言葉」の準備です。その言葉は、いつも目につくように教室に貼っておくといいでしょう。起きがちなことに対して、言葉の「処方箋」の準備です。短い言葉で伝えていきます。

もし問題が起こっても、掲示物を介して子どもに語るのです。トラブルに有効な言葉をお札のように教室に掲示します。伝えないことは最後まで伝わりません。

チェック

033 無地のトランプに油性ペンで番号

割り箸ばかりじゃ芸がない

白トランプに書く

□トランプを切る仕草が子どもの緊張感へ
□何かの順番を決めたりするときにも使える＝運任せでいいことは、運任せでいこう

昭和の時代から平成を経て、先生方に愛用されている「ランダム指名」の方法に、割り箸に「数字」（＝出席番号）を書いて当てる方法があります。手軽さでは一日の長がありますが、短所として少し場所がかさばってしまうのです。その代案が、個人的に好んでいる市販の白紙のトランプに、油性ペンで出席番号を書く方法になります。これは、輪ゴムでしばっても、小さなポーチに入れても、場所を取りません。

もともとは手品師が使う用につくられているので、使い勝手は最高です。授業では、意図的な指名が必要な場合もあれば、偶然的な指名が必要なときもあります。偶然の指名を効果的に演出する白トランプ、買ってみてはどうでしょうか。

チェック □

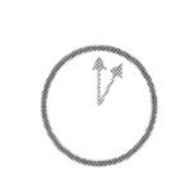

034 今日あったいいことを３つ書く

#3goodで書く日記はいい

反省ばかりじゃ×

□#3good は、本当は先生方にこそ必要かも
□箇条書きで書けるので、書くことが苦手な子にも、とてもやさしい日記の指導方法

日本の日記指導には、いろいろな方法があります。その中で、比較的新しい手法は SNS で使われている＃3good です。インターネットで＃3good を調べると、雰囲気がわかります。その日にあったよかったことを、シンプルに３つ書くだけです。だから、内容的に前向きなことばかりです。「日記」と言うと、なんだか反省的な要素が含まれてしまいがちですが、それだと長続きしません。書いていて楽しい「日記」にしましょう。

いいことを３つ書く方式なので、お年頃の生徒に多い「つかれた」が激減します。また、許可を取って学級通信等にいい参考例を紹介すると、「このぐらいでいいのか！」と書くハードルも低くなり、かなりおすすめです。具体例の紹介は必須です。

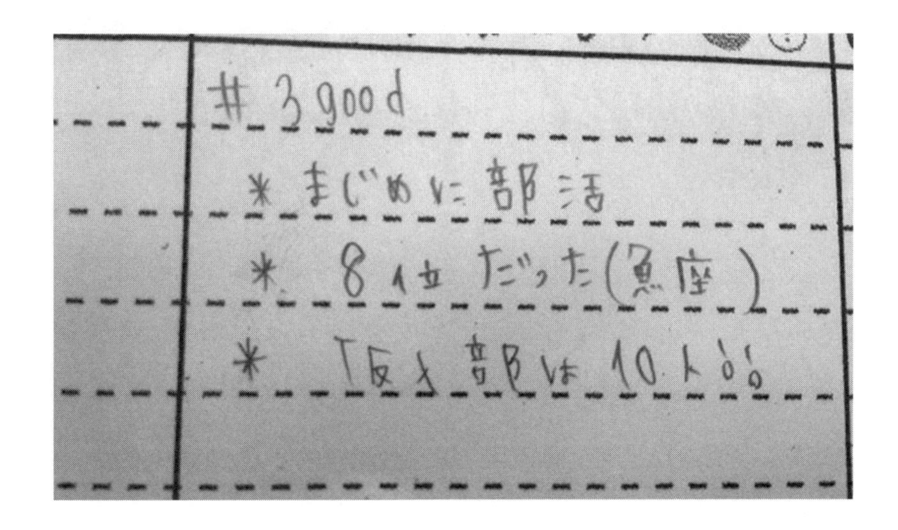

チェック
□

035 あとは、横にひろがるだけと確認

給食は命を削るかんなかも

身長は伸びないよ

□ときたまおかわりに参戦するユーモアも
□年頃の子もいるので、あまり「ダイエット」という言葉を使いすぎないように注意

子どもたちは、育ち盛りです。人生で一番身長が伸びる時期で、栄養もたくさん必要です。１年間でぐんぐん伸びる黄金の期間となります。だから、成長期に欠かせないカロリーは当然ながら高めです。学生時代、運動部でばりばりやっていた先生は要注意です。運動量が減っているにもかかわらず、今まで通り食べると、横の成長期に突入します。経験則で、１年で１kgずつ太り、教員免許更新時で10kgぐらい太ってしまう先生もいます。だから、例えば「食べる量を半分ぐらい」にしてみてはどうでしょうか？　名づけて「給食半分方式」です。食べる時間も半分となり、仕事に使える時間も、確実に増えるはずです。

チェック □

036 「もの」と「遊び心」の準備完了

掃除の時間を暇人にしない

怒らない掃除指導

□日替わりでできるようにいろいろ準備
□一般的な掃除が終わったあとにやる「二段構え」の掃除をイメージしてみよう

日本の義務教育であれば、掃除の時間はどこの学校にもあるでしょう。しかし、授業や学級づくりと比べても、実践の情報があまり共有されていません。ずっと昭和的な指導がつづいているように感じます。もちろん、いい部分を含んでいますが……。

ポイントは「もの」と「遊び心」を用意することです。片方だけだと効果は半減してしまいます。子どもたちに「やってみたい」と思わせるようなアイディアを、子ども視点で考えていくと、そこに答えが見つかります。

写真は、チョークを磨くための雑巾です。ビリヤードのキューの先を磨くように、チョークの先も磨いてしまいます。短いチョークを捨てることにもつながります。

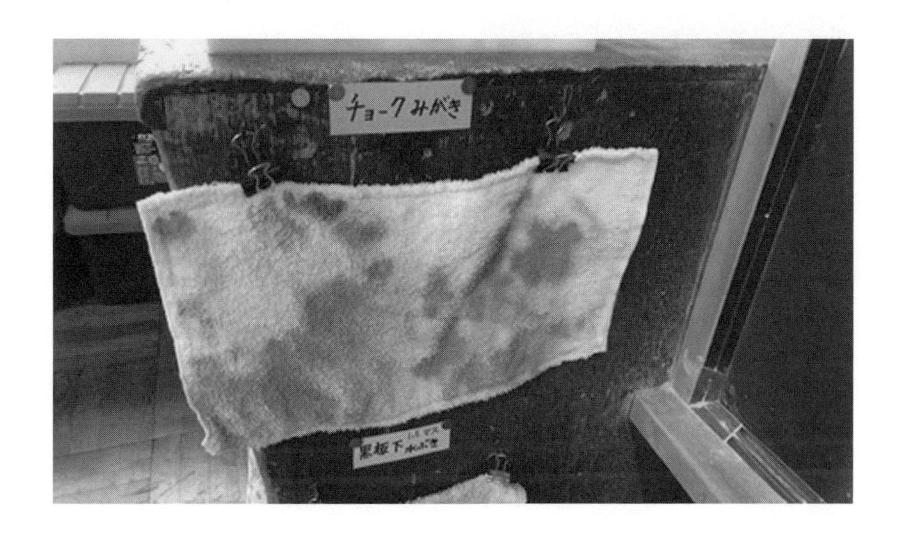

チェック □ 

037 具体的にやること／ポイントを伝授

お掃除のレシピを準備せよ

〈秘伝〉を掲示する

□やること＋やるときのポイントを掲示
□壁のペンキがはがれないようなやさしいテープ等で掲示→年度途中で更新しても◎

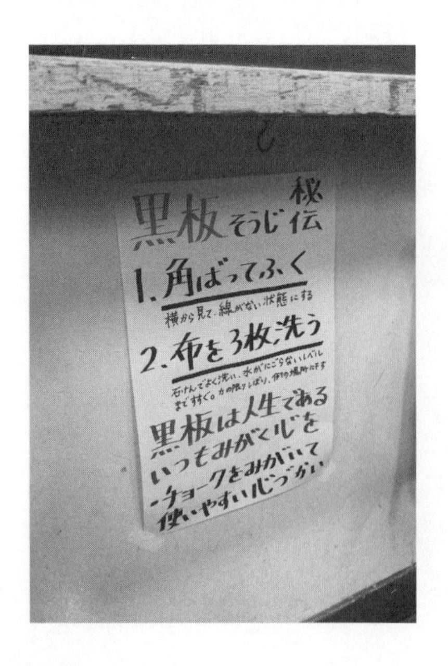

掃除に関することだけは、私にしてはめずらしく「偉そうに」書いています。それは、担任が言っているのではなく、武道の秘伝の書のような雰囲気を醸し出すためです。

データはありませんが、学校では１年間ずっと同じ場所を掃除することはありません。掃除監督者だけがずっと同じ場所の担当です。見逃されがちな前提条件です。

つまり、掃除のやり方がわかる人のところに、掃除のやり方がわからない子どもが来るという構図になります。この構図を意識的に持っていないと、不用意に叱ったり、カチンときてしまうのです。それを防ぐために、掃除場所でのやること表（＝レシピのように手順とポイントがかいてあるもの）を掲示しておきます。「この掲示物は最低限の内容が口伝されたものを書いているだけだから、それ以上をぜひ見つけて、新しい秘伝の書をつくろう」と呼びかけてみてもいいでしょう。

掃除場所は、機械的に決まる学級と希望で選べる学級があることでしょう。そのときに、希望者が多くなるような掃除場所にすることが、掃除監督の仕事です。そう考えると掃除監督ではなく掃除舞台監督なのかもしれません。掃除がぐっと楽しくなるような演出や工夫が求められるのです。

チェック □

038 はてなフックの名前を覚える

銀のパイプを信用してない

意外と使いづらい

□掃除用具は、いいものにしていく
□チャンスがあれば、校内清掃担当に志願や立候補をして、学校の掃除レベルを上げてしまう

掃除用具入れの銀色の棒は、S字フックがどちらかに片寄ってしまって、信用がおけません。写真のように「はてなフック」（＝洋灯吊）を天井にねじ込ませて使っています。「ほうき」「ちりとり」は、基本ぶらさげることを前提にしているので、はてなフックを使うことはとても簡単です。

また、高さのそろい具合が気になる人は、紐の長さを調節すると、掃除用具の中が整います。掃除の時間を使って、掃除用具の中を、子どもと一緒につくっていくのです。

決して放課後や休日にはやらずに勤務時間にやります。

チェック □ 

039 ひと通り掃除が終われば〈激落ち〉

「激落ちくん」は切っておくの

目安は1.5cm ぐらい

- □切る作業は安全に注意して生徒と一緒にやる
- □掃除が簡単に終わらない指導＋終わった後の指導の二段構えが上級者の掃除指導

掃除が終わった後、よごれていたときに怒ってしまうようでは掃除指導の初心者です。掃除の基本は、ものを準備することに尽きます。その「もの」の王様が「激落ちくん」です。類似品もあります。水を使ってよごれをとるスポンジのような「あれ」です。学校は、基本的によごれが累積しています。いくらでもよごれは見つかるでしょう。先生が見本となって掃除時間終了までせっせと掃除をする姿を見せるのです。

しかし、激落ちくんを買ったままのサイズで使うと、すぐになくなってしまいます。小さくすることで長持ちします。「もの」の準備は掃除の鉄則です。

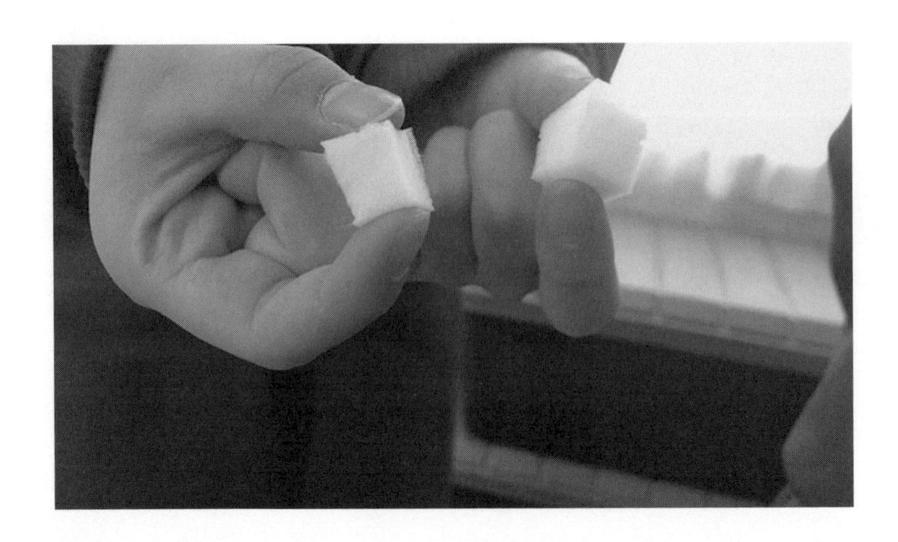

チェック □

040 画鋲VS糊　掲示物戦争の行方は？

模造紙を貼って糊の世界へ

ずらして貼る情報

□最初は先生がやってみせる＝お手本化
□お手本を見て「ルール」がわかるようになれば、あとは子どもたちにおまかせする

左の写真は、中３を担任したときの１枚です。受験生の学年なので、いろいろな学校から「うちはいかがですか？」的な説明会等のお誘いが届きます。それをファイルに綴じる方法もありでしょう。

私の場合は、最初に教室の掲示物コーナーに色模造紙を画鋲で貼ってしまいます。そして、その模造紙にプリントを「ずらして」貼る方法を採用しました。

ポイントは、ツーフィンガー（＝指２本分）強「ずらす」ことです。定規できっちり測る方法もあるでしょうが、このあたりはどうでもいいことなので、指で幅を決めます。そして、学校名を下部にペン書きします。何枚も重なっている状況でも、どの学校かすぐわかるようにします。

他のプリントでも、指２本分ずらして貼る方法が使えるでしょう。そして、下部に何のプリントか、内容がわかるように書いていきます。

掲示方法には、１枚ずつ画鋲で貼る方法やクリアファイル系に入れて掲示する方法など、いくつか方法があります。しかし、捨てる手間まで考えるとこの模造紙にのりで貼る方式は、片付けで一日の長があります。すぐに捨てられるというメリットは、３月の忙しいとき、じわりとありがたいです。ゴールは「貼る」ではなく「捨てる」までです。

チェック □ 

041 帰りの会の連絡は少なめにして

一人前の帰りの会とは?!

短くできる力量を

□まずは「帰りの会」の短い学級を参考にしてみよう
□連絡事項を「いつ」伝えるか？いろいろな答えが出てくる→発想の転換も必要

帰りの会の長さは、ほとんどが担任の性格的な問題かなと経験的に感じます。義務教育までは「帰りの会」ですが、高校では「SHR」と言います。高校では長い「SHR」は悪口で「LHR」なんて言われてしまいます。英語でショート＝短いと言っているのだから、それに従って短くする工夫をしましょう。つまり、長くなっている要因を分析して消していきます。どうしてもの連絡は致し方ありませんが、お説教は考えものです。早く終わって遊べるぐらいの短さをこころがけましょう。

帰りの会が決められた時間より長い先生は、基本的に帰宅時間も遅いです。そして、厳しい言い方をすると、他人の時間を奪っている感覚が欠如しています。そのことに早く気がつく必要があるのです。

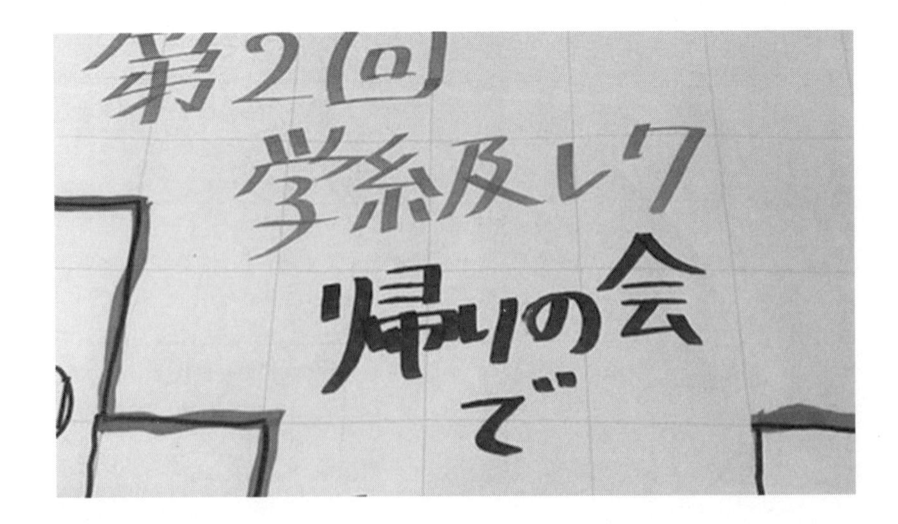

チェック □

042 採点する別の楽しみとおしゃべり

定期試験解答用紙余白活用

基本：暇人にしない

- □年々、年齢が離れていくのだから……
- □「おすすめ」というフィルターがかかるのでいい情報に出会う率も自然と高くなる

テストは、ただ丸つけをして点数をつけるのでは面白くありません。また、早く終わってしまった人に空白の時間を与えるのも、罪深い行為です。私は、解答用紙の余白に、今はまっていることや、これから流行るものを書いてもらっています。気に入っているものやおすすめ情報といったものです。

採点の休憩時間に、ぱらぱら眺める楽しさが生まれます。中高生の流行は、絶え間なく変化していくので、定期試験毎に書いてもらうと丁度いいでしょう。まったく知らなければ、調べると、大人の「総合的な探究の時間」となるでしょう。書いてくれた子にあとで聞いてみるのもいいでしょう。会話の糸口が、実は試験にあります。

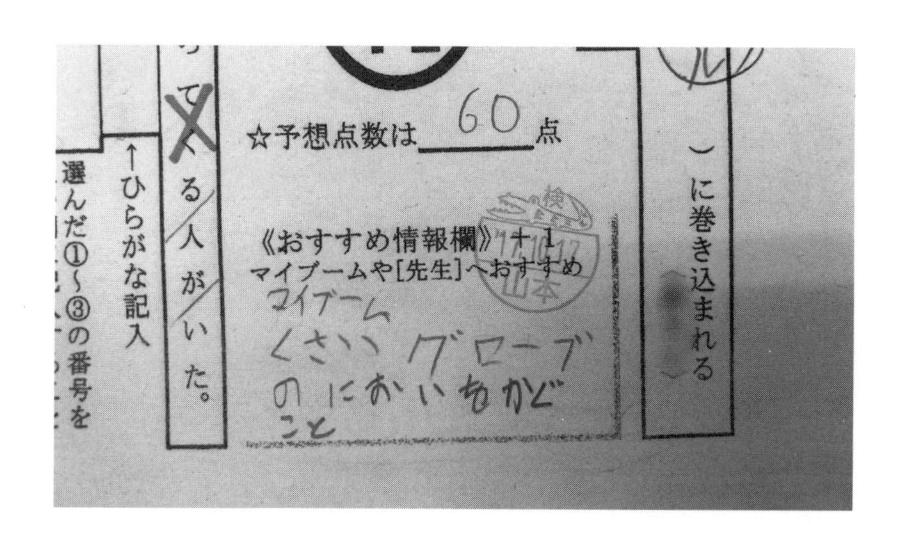

チェック

□

043 基本は、子どもたちを見ること

上級試験監督者の過ごし方

有効な50分に

□記憶を「高める」時間として使ってみる
□白紙のうらに頭の中にあることをすべて書き出してみる「ひとり作戦会議」もいい

近年、試験が増えてきました。中間・期末の定期試験以外にも「学力向上」のという名の下に、特に年度当初に「試験」が多いのが現状です。試験を監督するというお仕事の性格上、大手を振って内職をするわけにもいきません。

私は、試験監督で全員の名前をフルネームで言えるように暗記をしたり、その子をイメージした俳句をつくって過ごしたりしています。また、筆記用具の握り方を観察したり、文字の濃さを確認したりもしています。教室が少し汚かったら、部屋の持ち主に気がつかれない程度にさりげなく、その教室を整えたりすることもあります。

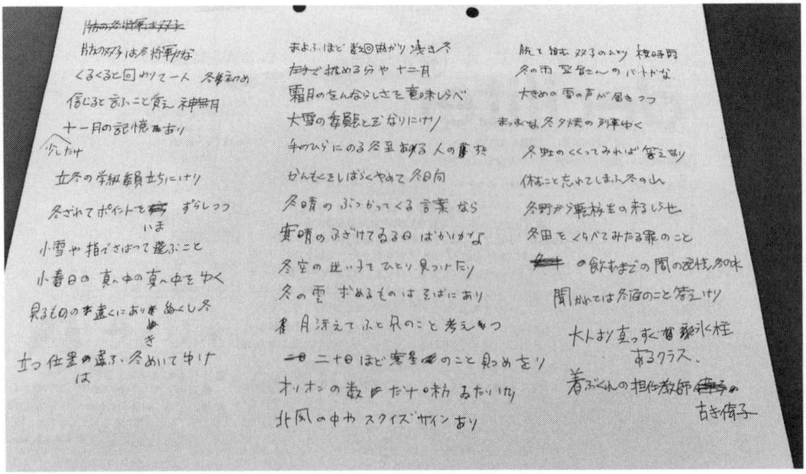

チェック
□

044 80点の壁をとっぱしたら「青点」

赤点の反対語は、青点です

やる気をくすぐる

□最高点には、こっそりシールを貼る
□定期試験が、「はげみ」になるような「しかけ」を、いつもいつも考えていく

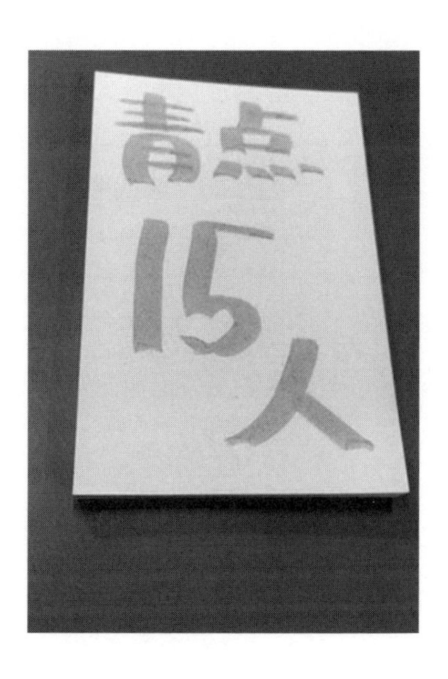

定期試験をやると、平均点等を発表する場合が多いでしょう。「刺激」としては、1つの方法かもしれませんが、平均点の裏側には、悲しみを抱えた人間（平均点以下の生徒）がいることを忘れてはなりません。

また、高校になれば赤点という制度があります。100点中30点未満の場合や平均点の半分以下の場合などは、進級に影響が出る「あれ」です。学生時代に「赤点」という言葉の響きにおびえた人もいることでしょう。

私は、赤点とは逆に称える点数を設定しています。1教科の点数が80点以上のときは、青点とし、点数自体を青ペンで書きます（79点以下の子は、緑色で点を書きます。なぜ緑色かというと、緑色が一番色が減らないので、ここで消費します）。

子どもたちは、普通の点数ならば緑色、とても頑張ったら青色で点数が書かれてテストが返却されます。他の教科とはある意味の差別化で、青色で点数が書かれているだけで、得意教科としての認識を持つのです。小さなことですが、子どもに自信をつけることも、仕事の1つになります。

また、前回よりも10点以上あがった子には、廊下等で「よくやったね」とこっそり伝えます。定期試験の結果をえんま帳で見れば、10点以上アップした子は簡単にわかるでしょう。

チェック □ 

045 Ｉ枚書くのに「必要」な時間は？

学級通信に時間をかけない

自動的に埋まるよ

- □学級通信＝文章を書く先生の練習になる
- □Ｉ枚以上の写真を入れるようにすると、文字数が減り、なおかつ具体的に様子が伝わる

学級通信をさっと書く基本は、自動的に書き上がってしまうフレームをつくることです。具体的には、今週の予定や返信欄などです。また、タイトルを大きめに設定しておくと、書く文量が当たり前ながら減ります。下記は、数年前にほぼ日刊で書いていたときのものです。このＩ枚を書くのに、約24分かかっていました。毎回ストップウォッチで計っていたので、Ｉ枚書く目安の時間がわかるのです。書く先生の性格にもよるので、日刊なのか、週刊なのか、不規則なのか、月刊なのかわかりません。しかし、出すのであればＩ枚にかける時間を意識して書きます。のんべんだらりと書けるほど、「時間」があればいいのですが……。

でしりっとる 純

deciliter

中1年4組【学級通信】 発行 平成29年7月19日(水)

第70号 冷房

© 2017-18 Sumito Yamamoto

	1							
3	2						8	7
	4		5	3			9	
	6				9	7	2	3
		5	1	2	6	8	4	
		2	3	8		6		5
1	7	4	2			9		8
	8		9	1	5		7	6
9	5	6		7	4		3	1

【今日の小さな目標】 達成率50%ぐらいの目標をじぶんで立てて、それを実行する。

牡羊	牡牛	双子	蟹	獅子	乙女	天秤	蠍	射手	山羊	水瓶	魚
11	10	4	7	5	9	1	3	12	6	8	2

■平均の人間は居ぬ小暑かな　純人

左の写真は、テスト返却の時期あたりの俳句です。ややもすると、平均点を気にしがちです。しかし、それはあまり意味をもちません。通知表の所見を書いていても、一人ひとり「伸びる」要素は違うと感じます。平均じゃない「伸びしろ」を探すことも、夏休みの一つの勉強です。じぶんが伸びている/できるようになっていると、思うこと/信じることが本当に大事です。

夏休みに「暑中お見舞い」を送りますので、みんなの「夏」を実況中継してください。あと1日

返信欄 お名前(　　　　　　) 1学期、本当にご協力ありがとうございました。多謝。

2つ先のことが見えちゃう人

17 月曜	海の日 (バレーボール大会)
18 火曜	木曜日日課　部活なし 給食最終日　3:25下校
19 水曜	集会・学活・大掃除
20 木曜	終業式
21 金曜	二者面談
点検	

学級レク結果 優勝 ○○○

準優勝 ○○

曇のち晴	最高32	最低24
one point	午前中降水確率20%	

おしらせ

■やってみなはれ〔大成功〕

昨日、希望用紙を配布したところ、選挙管理委員の

チェック

□

046 使う文字の大きさの「差別化」

フォントと文字の大きさ編

UDフォントの有無

- □「UDフォント」で一度は検索
- □英数字も忘れずにUDフォントに

もう一般的になりつつありますが、UDとつくフォントを普段使いにしてみます。もし、UDフォントが入っていなければ、今すぐ入れてしまうことをおすすめします。

また、文字の大きさや字間、行間についても調べてみると、「見やすい設定値」というものがあります。あの先生のつくるプリントは「見やすい」と言われれば、しめたものです。知られざるフォントの世界は、まだまだ奥深いです。

また、Wordや一太郎の「詳細な使い方の勉強」は、意外とされていません。調べてみると、いつも使う方法以外にもいい方法がたくさんあります。知れば知るほど、生涯使える「時短」につながるのです。

蜂|について調べる。
ジプト文明が隆盛|を極め
えた気持ちを奮い立たせ
家間で違いのケンエキ|を
を|イた質問をする。

チェック

□

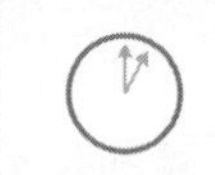

047 無料でも、かなりいいfontがある

Alphabetは地球上で使用中

こじゃれているfont

□アルファベットは26字しかないのでいいfontがたくさんある
□インストール→タイトルを作成→切り取り画像として保存→どこでも使える化する

学級通信のタイトルがよく考えられていてとても素敵なのに、それを表すfontがいただけない場合があります。理由は、パソコンに入っている日本語のfontに原因があるのです。あなたが原因ではありません。

そこで、おすすめなのがアルファベットです。フリーフォント（無料で使える字体）をダウンロードして使ってみましょう。「フリーフォント　ダウンロード」または「freefont download」と検索すると、わんさか素敵なものが見つかるでしょう。お気に入りの字体で学級通信をつくりましょう。

チェック □ 

048 視点は、見られない人に見せる

学級通信を廊下に貼る意味

見てもらう率向上

□紙のファイルを使って掲示するのが簡単
□出す以上は、ある程度こつこつ発行する→創刊号が最終号にならないように掲示

学級通信が貼られている（＝掲示されている）場所は、ほとんどが教室内です。不思議なことに、学級内の生徒は持っているにもかかわらず教室内になる場合が多いのです。

そう考えると、教室外に貼った方が、効果が高くなります。だから、私は今まで教室の外扉に貼っていました。そうすると、いろいろな人に見てもらえます。１枚で２粒以上の美味しい効果があります。来校者にも見てもらえると考えると、何粒ものメリットがあるのです。見られてなんぼの学級通信と考えましょう。

チェック
□

049 問題にならない程度に、ふざける

よく意味がわからないもの

ユーモアの偏差値

□児童生徒をいじるのは危険をともなう
□誰かを馬鹿にして笑いを取るなんて、人間として、とても低い行為だと教えておく

きちんとふざけるには、ある程度の力量と経験が必要となります。きちんとした部分（授業づくり／担任仕事など）がないと、単なるふざけた野郎／女郎になってしまうのです。

有害なうそ等は問題外ですが、心をなごませるユーモアやいい雰囲気にするための冗談は、職員室の素敵な空気感をも醸成します。大人が楽しそうでないと、子どもたちの明日に希望はありません。そういう意味のモデルとしても、私たちの姿はあるのです。

また、教室も一刻を争うぴりっとした手術室のようでは、子どもたちはぴりぴりしてしまいます。

写真の人形は、学校のバザーで10円で買ったよく意味のわからないものです。ちょっと教室が落ち着かない雰囲気があったので、説明も理由も言わずに黒板の上に置いておきました。見れば見るほど、突っ込みどころ満載の人形です。授業する先生もおちおち授業をしていられません。

もちろん、子どもたちに「あれは何？」と突っ込まれます。適当にあしらっておけば、さらに突っ込まれます。そんなくだらないことを介してのコミュニケーションが、学校現場に最近すこし不足しています。人を傷つけないユーモアを大切にしましょう。

チェック

□

050 届かないと保護者は不安になる

〈情報〉を家に届けるために

紙の伏魔殿にしない

□盲点な「捨てる基準」も確実に教える
□〈印〉が必要な書類の〆切設定は早めにする＝〆切日を早めると注意する率も減少

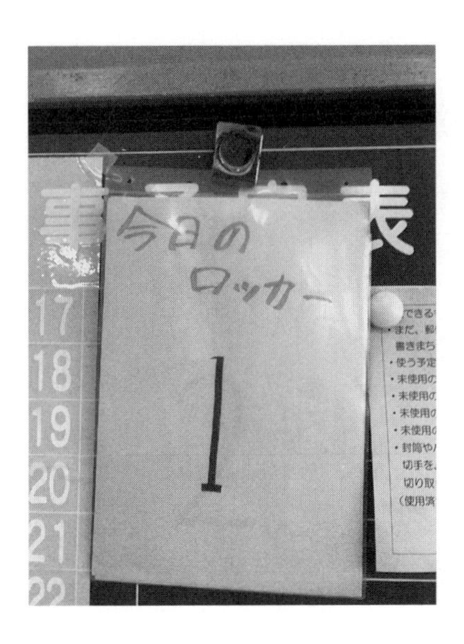

整理整頓が苦手な子がけっこういます。机やロッカーの中に「紙類」をため込んでしまうタイプの子が思い浮かびませんか？

近年、保護者に印をしてもらう書類が増えています。期限内に全員回収することは、担任の腕の見せどころです。中学校であれば「進路」に関する書類が重要となります。ため込んでしまうタイプは怒ってもあまり意味がありません。改善するための仕組みをつくることが大事です。写真のように、その日ロッカーを特に整理する出席番号を伝えます。朝の会に伝えて、帰りの会までに整理整頓する仕組みです（その日の仕事が少ない当番や委員会等に伝える形にすると、効果的です）。毎日男女２人だと、ちょっと担任が見るにしてもそれほど負担になりません。よくやっていれば「いいね」を伝える材料にもなります。

保護者は、我が子がプリント、特に提出を要するものを持ってこないと不安になります。毎日２人ずつやれば、ひと月で学級の全員が、１度はロッカーや机の中を整理整頓することになります。それが１年間続くことで、プリントが家に届く率は少しずつ上昇していきます。届かないことで怒る前に、保護者の手元に紙が届く「しかけ」をつくることが大切です。紙の扱い方を見直してみませんか？

チェック

□

051 曲者の家庭数も把握しつつ配布

紙の流通システムを〈構築〉

配布箱→家庭まで

□先生不在でもプリントは流通する仕組み
□状況に応じては、毎週の最終日は、机の中の「からっぽ大作戦」を実施してもいい

この項目は、数年後にはGIGAスクール構想の関係で、死語のような内容になっているかもしれませんが……。それまでは、紙を家庭まで届けるシステムについては、やはり担任の力量が問われます。

印刷室から教室、そして本人を経て家庭までの道のりが、印刷物の通る道です。注意すべきは、兄弟などがおり、全員が1枚もらわないタイプのプリントです。通称「家庭数」です。これは、誰が見てもわかるように、掲示する必要があります。たかが印刷物の紙ですが、届かないと保護者は不安と不満を抱えていきます。紙が届くルートを確立しましょう。

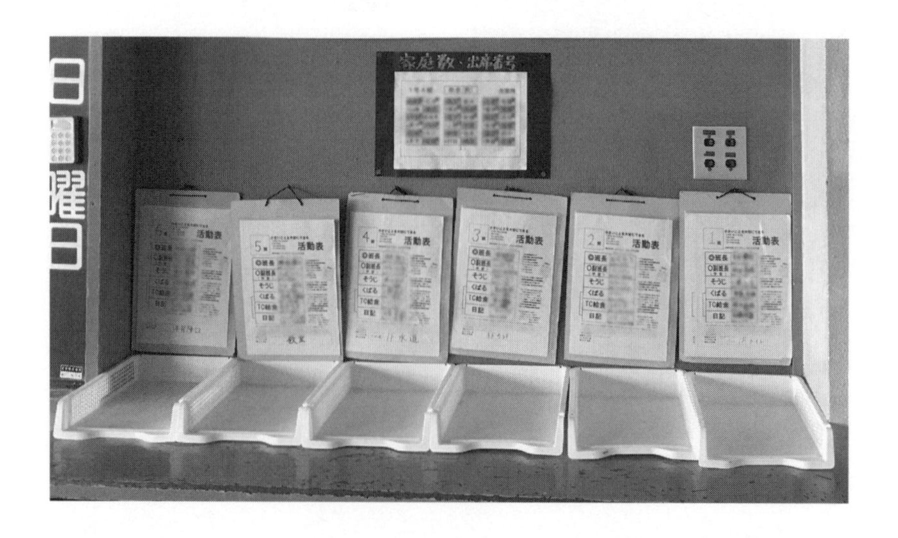

チェック

052 新学期に集める〈危険度〉を下げる

夏休みの宿題をフライング

早めに出してOK

□早く出すと加点対象にするといいあおり
□出せない子への対応も余裕ができる→夏休みに添削や修正もできるので、一石二鳥

新学期は、なんだかんだと集めるものがたくさんあります。大事な提出物もあり、ないがしろにできません。その一方で、長期休暇の宿題もあることでしょう。新学期の忙しいときに宿題を見ると、当たり前ですが忙しいです。特に、作文関係は面倒くさいの王様です。だから、夏休みに中にフライングして提出することをOKにしています。提出する箱を職員室等の廊下に用意しておけば、早めに夏休みの宿題を見ることができます。夏休みをたっぷり使ったからいい作品ができるとは限らないのです。

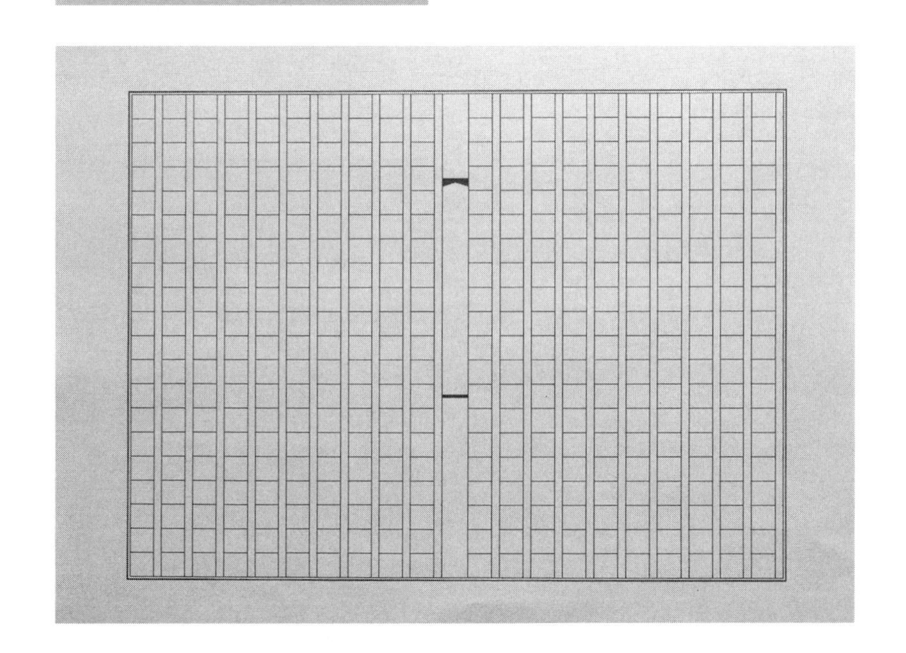

チェック
□

053 ラベルシールは、後腐れするから

ビニールテープはあとが楽

下駄箱／ロッカー等

□定規を使って切ると一気に複数列切れる
□年度末、はがすかどうかは相談してみる＝次の学年が残して欲しい場合もあるので

ラベルシールやタックシールは、見栄えがいいですが、１年後にはがすとなると、かなりめんどくさい代物です。ガムテープなど使ったら困りものの極致になります。

おすすめは、カッターマットにビニールテープを貼る方法です。そのあと、カッターで１㎝ぐらいの幅に切ります。切り終わったら、油性ペンで見やすく数字を書くのです。ビニールテープは使ってみると、意外と、勝手にはがれにくいのに、はがしやすいことがわかるでしょう。教室のロッカーや下駄箱等にも、おすすめの方法です。

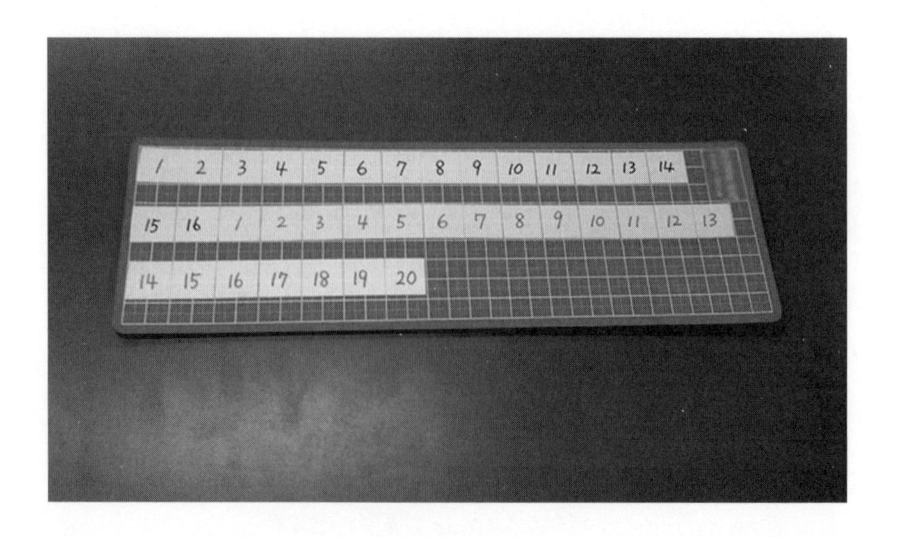

チェック
□ 

054 眠っている「お宝」を求めて

学校を探検する価値はある

特に開かずの部屋

□開かずの使っていない部屋を再生する楽しみもある
□職種として先生がつかない方々にいつも感謝を伝え、関係を紡ぎ続けることが重要

学校には「開かずの間」や「怪しげな小部屋」が意外とあります。どの鍵で入るのか不明な部屋もきっとあることでしょう。そんな部屋には、その学校の歴史が詰まっています。大人の「学校探検」です。

そんなときに力を貸してくれるのは用務員さん（＝業務さん／校務員さん）になります。鍵の在りかやその部屋の歴史をきっと教えてくれるでしょう。もし、その部屋に眠っているお宝があれば、お借りして活用することもできます。気分転換のおさんぽが、使える発見を生みます。

チェック
□ 

055 呼び名の決まっていない場所あり

〈場所〉の名づけ親になる

掲示物も忘れずに

□板目の紙にペンで書いて貼ってもOK
□短い名前にする→長いと覚えるのが面倒くさくなってしまうので、５字以内が目標

児童生徒をどこかに集合させることがあります。そのときに、その場所が体育館やパソコン室のように、誰でもわかる場合なら問題はありません。

しかし、ちょっと集合するときに、なんとも言えない場所に集まった方が早いときがあります。例えば、３階の階段を上がったところ、東校舎と西校舎のつなぎ目の部分など。そういう場所を共通の「言葉」にするために、名づけてしまうのです。意外と誰もやりません。名づけたら、名称を掲示することも忘れずにやりましょう。名前と場所が一致すれば◎です。

チェック

□

056 校地内を歩く楽しみを自作自演

実のなる木を植えて植樹祭

まずは相談して

□やはり実がなる木の方が楽しい
□写真を撮りつづけて、学級通信や学年だよりに載せることもできる

休憩時間に、珈琲等を職場の先生にふるまっていました。そのとき、とある女性の先生が「山本さん、今度は美味しいレモンティーが飲みたいわ」とご希望を伝えてくれました。それがきっかけで、植えたのがレモンの木です。

結局、実がなる前に異動してしまいましたが、レモンの木はすくすくと生長していきました。実がなるまでは数年の時間を要するのです。その時間はお楽しみの時間になります。

勝手に木を植えると怒られてしまうので、いろいろなところで許可をもらいます。そして、邪魔にならないところに植えることが、第１ステップです（特に、植樹に際しては、用務員さんとの協力体制と信頼関係が必要です）。その後は、生長に必要な水やりや害虫の駆除（柑橘系はつきやすい）、そして雑草への対応などが必要です。これは、生徒に呼びかけて協力を仰ぐことも、１つの方法になります。「明日のレモンの木委員会」なんてネーミングをつけて、勝手に架空の委員会をつくってしまうのです。

こういう遊び心に反応する生徒や雰囲気が学校をより楽しいところにしていくと信じています。「いつも心にユーモアを！」の精神で、くだらないことも楽しめる大人になっていきませんか？

チェック
□ 

057 全員加入のなごりをどんどん消す

退部推進教員としての経験

そっと背中を押す

□どちらにしても話を聞くことが大前提
□すぐに転部をすすめない＝原則は、やりたいところに入る部活動という基本スタンス

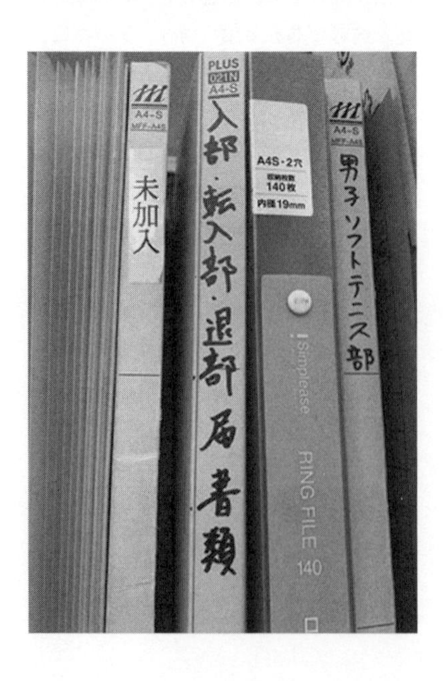

部活動は「好きなものに参加」が大原則です。自分がやりたいものを選び、やりたいものをやるのが基本となります。

４月当初、新入生は数日の仮入部を経て、本入部というのが一般的な流れでしょう。しかし、最近はいろいろな行事が立て込んでいる関係で、仮入部の期間も以前と比べて短くなってきています。たった数日で、３年間を託して成功する方が奇跡なのです。大学であれば、入ったサークル等は幽霊部員的に過ごすことができます。しかし、中学校・高校となるとなかなかそうもいきません。そして、教員の中にも「一度入ったら続けた方がいいよ」論者もけっこういます。もちろん、その気持ちは理解できますが、部活動は must ではないのです。

ある期間、生徒が休みがちになったり、不調をきたしたり、変な行動を起こしたりする原因の記録を取ったことがあります。その理由の上位は、部活動のミスマッチでした（家庭の問題＝家庭不和も上位に位置していました）。

そして、無理に続けさせた生徒とすぱっと退部した生徒のその後も追跡して記録を取りました。結果は、退部した生徒の方が数倍もいい状態になったのです。大昔の全員加入制度のなごりは、もう令和の時代には不必要かな？　と考えています。

第2章

職員室・お仕事の工夫

チェック

058 そんなに立派ではないでしょう？

生活目標は、自分のために

子どもより大人用

- □イメージできる生活目標か確認しよう
- □校内の掲示物は、学級通信に使える素材集→写真に撮っておくとあとで役立つ

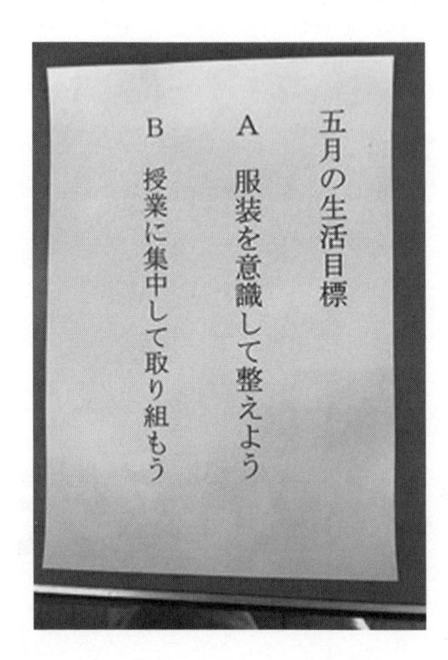

生徒指導部等から、今月の生活目標が配布されませんか？　それぞれの月で、子どもの様子や学校行事を勘案して、こんな風になったらいいと考えられたものです。

紙面が限られているので「生活目標」の歴史には触れませんが、校舎を歩けば貼ってある率が高い掲示物です。毎月の目標が貼れるように、色画用紙等に貼られている場合が多いことでしょう。

もちろん、子どもが生活目標を意識して生活するのが、一般的な使い方です。しかし、上級者は、自分（＝先生）のために生活目標を使っています。例えば、いろいろな行事がある５月は、その行事や出張に似つかわしい服装は何だろうか？　と考えてみるのです。

また、立夏を過ぎて単純な暑さや、蒸し暑さもやってきます。中間試験の足音も聞こえてくるでしょう。子どもたちに「集中」と呼びかける前に、自分に気合いを入れる月間なのです。

各校の生活目標は、よく考えられたものがずっと使われている場合と、以前つくられて少し改善が必要な場合のどちらかです。とりあえず、1年間やってみて、少し違和感があるところは、生徒指導部に相談してみてもいいでしょう。どちらにしても、子どもだけの目標にしないところがみそです。

チェック

059 意外と貼るスペースはあるはずだ

みんなが見える場所に貼れ

職員室の掲示物論

- □できる限り、数字は巨大な方がいい
- □文字サイズが大きいときは、高い位置に貼ってみるのも効果的

→ぜひ共有化しよう

学校は、なんだか忙しくて今日が何日で何曜日かわからなくなるときがあります。そんなときにみんなが見えるところにカレンダーがあれば、みんなが助かります。

それぞれの机上に、卓上カレンダーがあるかと思います。しかし、職員室の壁のところにカレンダーがあって、激怒する先生はいません。特に、電話から見える位置にカレンダーがあれば、使えるでしょう。貼るカレンダーの選び方は、きれいな絵は要りません。文字と曜日がわかるものを、数か月分貼っておけばOKです。

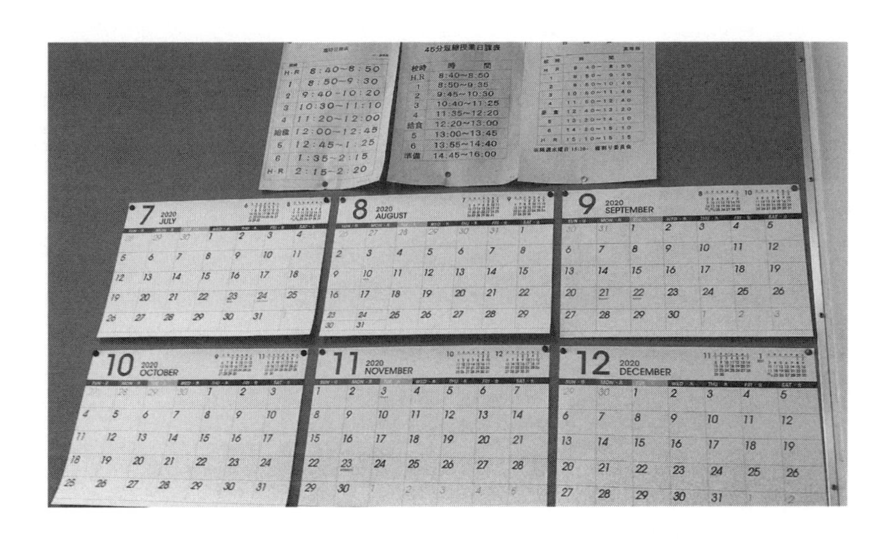

060 上機嫌も不機嫌も伝染病のように

上機嫌のモデルになろうよ

どうせやるなら論

- □これまでよりも「これから」視点
- □子どもたちに、「誰が上機嫌でいつもいる?」と、ときどき質問をしてみよう

職員室をぐるっと見回すと、上機嫌ランキング上位に位置する先生がわかります。授業や学級づくりの上手さは、一朝一夕では上位に食い込めない領域なのです。

しかし、上機嫌はその日から、その時間から、上位にノミネートされることが可能な領域。つまり、「心がけ次第」でどうにでもなります。学校は、人間万事塞翁が馬的にいろいろなことが起こるからこそ、上機嫌であり続けることに価値があるのです。まずは、学校で一番の上機嫌を目指して。

チェック □

061 異動した初日が、実は勝負なのだ

お手元に年間行事予定あり

まずは手に入れろ

□「行事予定表」は教務主任に言えば、快くもらえるはず
□２年目以降は、１月ぐらいにもらって、毎日せっせと先取り「転記」していく

数年に１度やってくる異動。新天地での「初日」は手持ちぶさたになりがちです。そこで一気にやってしまいたいことが１つあります。それは年間行事予定の転記です。

手帳にえんぴつ書きで、４月から３月の終わりまで、予定されている行事を写してしまうのです（あとで訂正ができるようにえんぴつ書き）。書いていくと、以前の学校では目にしなかった行事やその学校ならではの言葉と出会うことでしょう。それを早めに押さえて、年度当初の会議に臨むか臨まないかの差はとても大きいのです。

平成30年度　年間行事予定　29年12月18日現在

1　学　期

日	曜	4月	曜	5月	曜	6月	曜	7月	曜	8月
1	日		火	1年校外学習 学年朝会	金	集金日 体育祭準備	日		水	
2	月	着任・準備委員会	水	集金日 教育相談①	土	体育祭	月	職員会議 集金日	木	
3	火	職員会議、学年会	木	憲法記念日	日		火	学校朝会 専門委員会	金	
4	水	職員会議予備	金	みどりの日	月	振替休日	水		土	
5	木	各学年予備	土	こどもの日	火		木	3年 学ぶ会 安全点検日	日	
6	金	準備登校	日		水		金		月	

チェック □

062 出張前にどたばたするのは見苦しい

忘れられない出張は、貼れ

コピーをそのまま

- □大変だけど、時間割は動くと信じる
- □出張で捺印が求められる地域では、カード型の印鑑がおすすめ

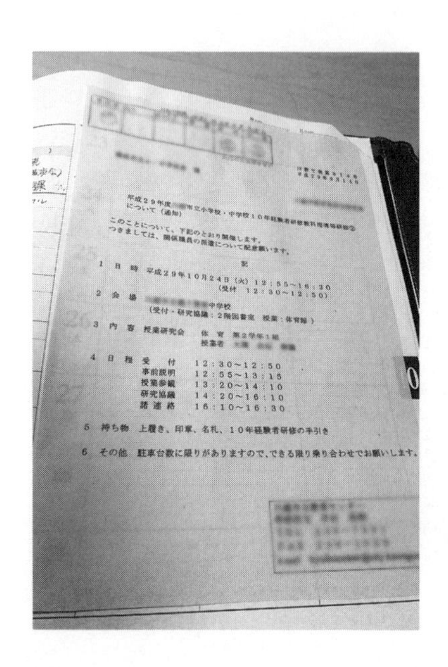

平成２９年度　市立小学校・中学校１０年経験者研修教科指導等研修②
について（通知）

このことについて、下記のとおり開催します。
つきましては、関係職員の派遣について配慮願います。

記

1　日　時　平成２９年１０月２４日（火）１２：５５～１６：３０
（受付　１２：３０～１２：５０）

2　会　場　中学校
（受付・研究協議：２階図書室　授業：体育館）

3　内　容　授業研究会　体　育　第２学年１組
授業者

4　日　程　受　付　１２：３０～１２：５０
事前説明　１２：５５～１３：１５
授業参観　１３：２０～１４：１０
研究協議　１４：２０～１６：１０
諸連絡　１６：１０～１６：３０

5　持ち物　上履き、印章、名札、１０年経験者研修の手引き

6　その他　駐車台数に限りがありますので、できる限り乗り合わせでお願いします。

忙しいときに限ってあるのが出張です。日時は頭に入っていますが、受付時間と開始時間がこんがらがったり、持ちものが前回と違うのか等が気になってしまいます。肝心の出張文書が見つからず、一番下の引き出しをごそごそ探している姿を見たことがありませんか？　慌てて出張に向かって交通事故にでもあったら、本末転倒です。

私は忙しいときの出張は、縮小コピーをし教務手帳に貼っておきます。机上に出張の文書が置かれたらすぐにやる儀式みたいなものです。これをやると、出張で時間割を動かして、自習を０状態にする準備にも早めに取りかかれます。

ときとして、レポート持参系の出張があれば、この日までにやるという逆算の機能も働きます。この写真は、１枚を大きく貼っていますが、１週間に複数回出張がある場合は、小さくコピーをして貼ります。サイズは、自分が見やすい大きさが基準です。慣れてくれば、コピー機の縮小倍率も覚えてしまうことでしょう。

出張には早めに行って、待っている時間で、読書をしたり、早く来た先生とおしゃべりをします。また、知り合いの指導主事と話をして、いろいろな情報を聞くこともあります。出張だけではなく、＋αの時間で情報を収集する意識を持つと、出張も違った意味で楽しくなります。

チェック
□

063 一面以上にはしない＝取捨選択を

アプリは〈色別〉で一面管理

思ったよりも便利

□よく使う下段の「神４」についても精査を
□病院の待ち時間は、いつもアプリの取捨選択時間と決めておく＝無駄な時間は０に

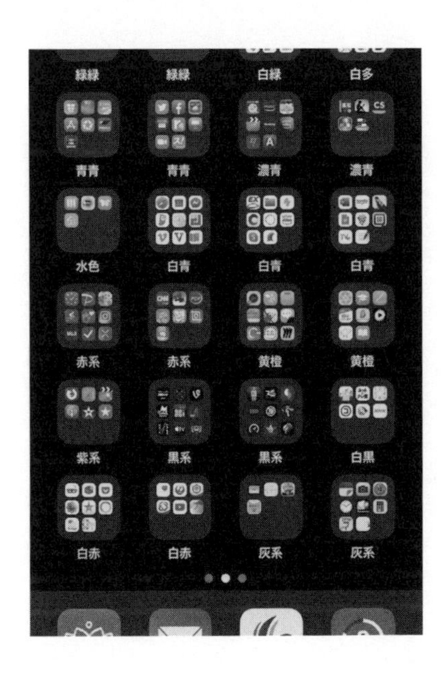

数限りなくしないことが、学校の先生には必要な視点かもしれません。便利だからといって、どんどん増やすと使えなくなります。だから、「しぼる」「すてる」の作業が大事です。

例えば、iPhone の画面にはいろいろなアプリを置くことができます。確認していませんが、それ相当の数がダウンロードできるはずです。しかし、スクロールして使うようになると、見る＆探す「ひと手間」が増えます。

iPhone の場合は、１つの画面に９つ×24＋４＝220のアプリが表示できます。具体的に数えると、思ったよりも多いと気がつくことでしょう。

内容で分けていた時期もありますが、中途半端になってしまったので、思い切って「色別」にしてみました。

アプリの持つ色のイメージが残像のように残って、探すのがそれほど億劫にはなりません。スクロールして探すよりも数倍早いように感じます。

しかし、油断するとどんどんアプリが増えていきます。そこは心を鬼にして、220までを死守です。相撲の年寄株のように絶対数が決まっていると思って、増やさないことがポイントになるはずです。捨てる勇気も大切です。

チェック
□

064 秘書の代わりにカレンダーは必須

色別 Google カレンダー

色で用事がわかる

□具体的によく使う項目をあげることが大事
□数か月を振り返り、多かった「用事ランキング」から使うべきリストをつくる

予定を先に入れてしまう！　それが意外と仕事の基本かもしれません。こんな用事があるから「先にこれをやっておこう」みたいな段取りをつけはじめます。そのためにカレンダーは必要なツールです。私の場合は、Google カレンダーを使っています。

大きな工夫は、自分の予定を Google カレンダーの色に当てはめてしまうことです。つまり、色を見れば用事がすぐわかるようにします。ポイントは、色と用事の組み合わせが決まったら、紙に打ち出し掲示することです。見えるところに貼って使います。

バナナ	仕事
バジル	俳句/短歌
セージ	病院/整体
ピーコック	落語
ブルーベリー	旅行
ラベンダー	手品
ブドウ	綱引

チェック □

065 毎年、忙しいときはいつも同じ

忙しい時期を、先取りする

スマホに打ち込み

□手帳でもスマホでもいいが情報は一本化

□先にゆずらない「休み」も決定しておく＝計画的に休むことも人生には必要なこと

年間行事予定が、年度当初に配布されます。学校の手帳に貼って終了の場合が多いですが、実は Google カレンダー等に先に打ち込んでしまうことが大切な仕事です。

学校現場は、正直毎年ほぼ同じようなスケジュールで動きます。だから、繁忙期は安定しています。そこに私的なものが重なってしまうから、多忙感が生じてしまうのです。年間行事予定が手に入った段階で、主な行事や時間がかかるものを打ち込んでしまうのです。それほど時間はかかりません。小さな手間で、時間を生み出しましょう。

学校の年間行事予定があるのに、自分の「年間行事予定」がない先生は、日本中数多くいます。なんとなくときどき休むのではなく、前もって予定として休むことが、長く続けるためには必要です。

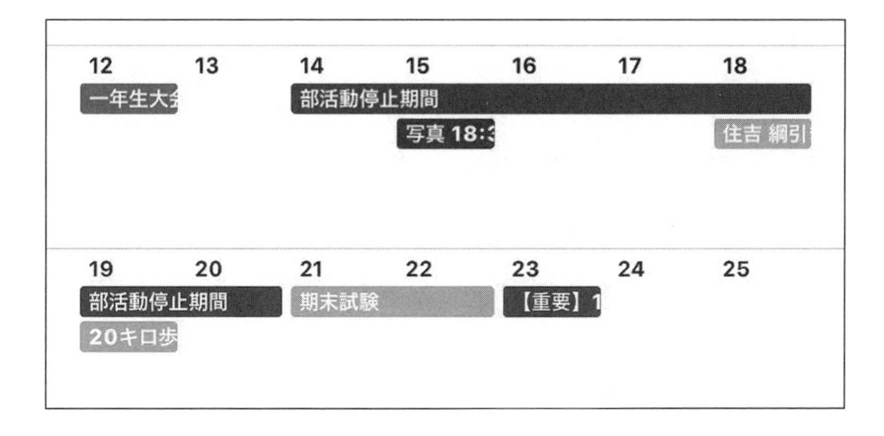

チェック

□

066 〈顧問〉が倒れないように計画せよ

〈部活動〉は先に予定を組む

３か月先まで決定!!!

□先に「予定」と「休日」を入れてしまう
□複数顧問制になるような準備もあわせて

中学校や高校では、部活動というものがあります。部活動については、賛否があると思いますが、今も続いています。生徒も教員もお互いがスムーズにできるようにするためには、どうしたらいいでしょうか？

１つの答えは、数か月先まで日程を組んでしまうことです。私が主顧問のとき、３か月先まで組むスタイルですが、世の中には４か月や半年で組む先生もいらっしゃるかも知れません。とにかく、先に予定を組むことが重要です。そして、顧問の所用と顧問の休日も勘案して予定を「子どもたち」につくってもらいます。「このあたりで練習試合を組みたいな」と子どもたちで考えることができます。大事なことは、先の予定を顧問と子どもが考えてみることなのです。未来は、自分たちで決めます。

子どもたちが考えると、部活日数等について保護者からの問い合わせがくることがありません。顧問が勝手に決めると、「勝手」の分だけ〈ちゃちゃ〉が入る可能性があるのです。また、数か月先までわかっていると、副顧問の先生に部活を頼むときも、頼みやすくなります。

部活動は月末に次月の部活を考える場合が多いです。予定を先に決めることで、子どもたちも遊んだり家族と出かけたりしやすくなります。休みの上手な取り方もこうして学んでいくのです。

チェック

067 今日やることの基本的な知識編

Missionの順と見込み時間

まずは８個ぐらい

□枠を印刷すると、習慣になりやすい

□①具体的な仕事、②かかる予想時間、③やる順番、④余白は備忘録的に使う

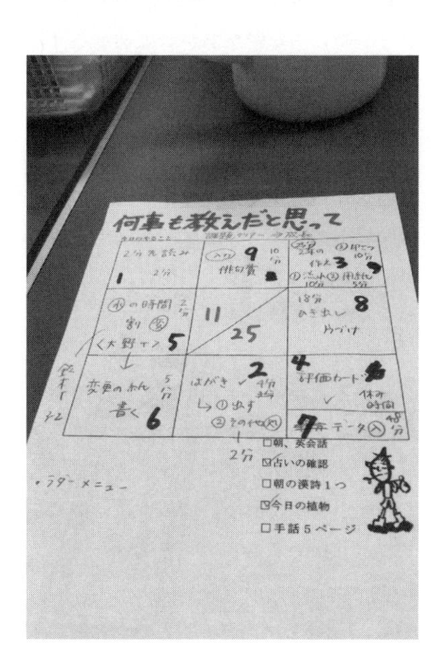

今日やること、つまり to do については、それぞれの先生で方法をお持ちだと思います。付箋を使ったり、手帳の片隅に書いたり、方法はいろいろあって当然です。

経験則的に、授業や公務分掌、生徒指導／教育相談を含めて１日に達成できるミッションは、最高でも８個ぐらいではないでしょうか。

だから、最初の段階で「８」という数字をイメージして、今日のやることリストをつくることがポイントになります。あまりに多すぎると、かえってストレスになります。

あと、意識するといいのが、その仕事にかかる時間です。長くても18分以内でできるように仕事を「分割」してみましょう。分割すると、手つかずの仕事が減ってきます。

私の場合は、上部に今日の占いでポイントになることをメモします。余白には、忘れてしまいそうなことをメモしておきます。枠外は今日にやらなくても大丈夫というイメージです。

アドバイスとしては、最初はあまり詰め込みすぎず、ゆとりを持って計画することから始めてみましょう。

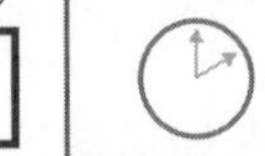
チェック

068 紙の栞よりも紐の栞よりも……

はじっこを切ってしまえば

素早くぱっと開く

- □紙や紐のしおりの別の活用方法も考える
- □広げっぱなしでいいような手帳であればあえて閉じないことも仕事のやり方

多くの先生が何かしらの手帳のようなものを使っているはずです。いろいろな情報を共有することが大事になり、朝の連絡等でも、新しい情報が伝えられることが意外とあります。昨日とはまったく逆の内容を伝えられることも少なくありません。

手帳はいろいろな情報が書かれているので、広げっぱなしとはいかない部分があります。だから、ぱたんと閉じます。よく閉じる以上、よく開ける必要が出てくるのです。開けるのに何秒かかっているか正確に計る先生はいません。

しかし、年間で通して考えると「今日のページ」を開く時間は、トータルでは馬鹿にならないことが想像できませんか？　特に、年齢があがればあがるほど、紙をめくるのがスムーズではなくなります。

簡単な方法ですが、手帳の角っこを斜めに切ってしまうのです。切ってあるので、今日にたどり着く時間は、ぺらぺらめくる時間とは雲泥の差です。いらぬことには時間をかけない、がポイントです。

とある教員用の手帳では、上部に切るための斜めの点線が打たれています。これは、実は私のアイディアを採用してもらっています。斜めに切る方法に慣れると、もう止めることはできません。

チェック
□

069 とりあえず遊び／休みの予定を入力

じぶん流
気分転換
の方法論

〈非日常〉へ Let's go

□逆になにも予定を入れない日も準備する
□献血のいいところは、血液の数値もわかり、健康管理にも役立つところ＝卒不健康

　まず、年間行事予定表で「忙しさ」をともないそうなものを先にカレンダーに入れてしまいます。そのあとに、超個人的な「私の年間行事予定」を考えてしまうのです。

　学校現場は、同じような時期に同じような行事が予定されます。なぜなら、教務主任等が、前年度の年間行事予定のエクセルシート等を手直しして原案をつくっているからです。つまり、忙しそうな時期はほぼ予想できるのです。競馬の予想よりも簡単です。逆に、忙しくないところも見えてきます。そういうところに、楽しみや遊びを先に入れてしまいます。働くだけでは少しさみしくありませんか？

　また、自分の気分が変わる場所を持ち得ることも重要です。普段とはまた気持ちが変わるところがあった方が、よりリラックスできるでしょう。

　私の場合は、献血や寄席（落語を聴くところ）が、気分転換の場所になっています。特に、献血は学生時代からの趣味で、それが高じて「骨髄バンク」にも登録済みです（余談ですが、特別休暇の中にある「献血休暇」を取得したこともあります）。それぞれがいつもとは違う場所に行くひとときがあれば、心もぐっと安まります。先生という仕事は、身体も心も休めないとできない仕事です。

チェック
□

070 べらべらしゃべる諸悪の根源は？

朝の打ち合わせは手短に

短い空気感をつくる

□関連して職員室から教室も足早に歩く
□朝べらべらしゃべる人が減ると、相乗効果で「職員会議」の時間も短くなっていく

朝の会（＝朝の SHR）では、「今日はこんなことがあるよ！」や、今日の生活でのポイントを予言者のように伝えます。１日をスムーズにするためには、意外と朝の会の時間は価値があるのです。

しかし、職員の打ち合わせで「べらべら」とおしゃべりが好きな先生はけっこういます。「もれがあるといけないから」「念のために」という大義名分のもと、お話しになる先生は、日本中に広く分布している気がします。急には絶滅はしないので、まずは自分が変わることからスタートです。

具体的には、自分がしゃべらない見本になります。連絡事項は、日報や手書きの紙を掲示して、とにかくしゃべることを減らします（これからの時代は、紙の情報共有から、学校のポータルサイト等を活用することも、１つのアイディアになるでしょう）。

でも、どうしてもしゃべる必要があるときが来るかもしれません。そのときは、しゃべるときに「朝の忙しいときに、本当にすいません」と謝る言葉から始めます。つまり、人の時間を奪って申し訳ないですという価値を布教していくのです。時間がかかりますが、かけた分だけ朝の打ち合わせは短くなっていきます。短くなった分、教室で有効に使える時間が増えるのです。

チェック

071 英語圏では一般的なコーパス利用

文章を書くときに〈梵天〉！

文章のいい形を発見

□どんな動詞を使えばいいのかもわかる！
□文章を書くのが苦手な人は通知表の所見にも使ってみると、言い回しが豊かになる

コーパスとは、かんたんに言うと「言葉をデーターベース」にしたものです。つまり、文章を書くときの助けになるサイトです。例えば、この単語につく助詞は何が適切だろうか？　を簡単に調べることができます。

この本を書くときにも、よく使いました。気になる単語を打ち込むと、その単語が使われている例文が、わんさか出るのです。学級通信にも使えます。保護者に配布する文章にも使えます。だまされたと思って使ってみると、意外な助詞と単語の組み合わせが、きっと見つかるでしょう。

オンライン版（無償）

BCCWJ版『梵天』（登録不要）⇒
https://bonten.ninjal.ac.jp/bccwj/string_search

登録制　中納言 

チェック

072 昔からあり、活用の自由度はある

学級日誌を楽しくしてみる

書きたくなる仕掛け

□人を傷つけるような内容以外は許可
□物語を１年間紡いで１つのお話として、ムービーにしてもいい
→まとめの汎用度が高い

全国の全ての学校にあるわけではありませんが、地域によっては「学級日誌」というものが存在します。日直等が、今日の授業の内容や出欠席などを書きます。

写真は、前任校の記入例です。義務感がありますが、工夫次第で、読みたくなるものに変身します。私は、下段の記事のところで、みんなで紡ぐ「一行物語」をやっていました。前に書いた人の続きを、ただ書くだけの単純なものです。つまらなそうなものには、ひと工夫添えましょう。

学級日誌がなくても、１行ずつ物語を紡ぐことは、Google Classroom でもできます。書くのが苦手な子でも、１行であれば書くことができるでしょう。１年間で365行の物語、もしよかったら、やってみませんか？

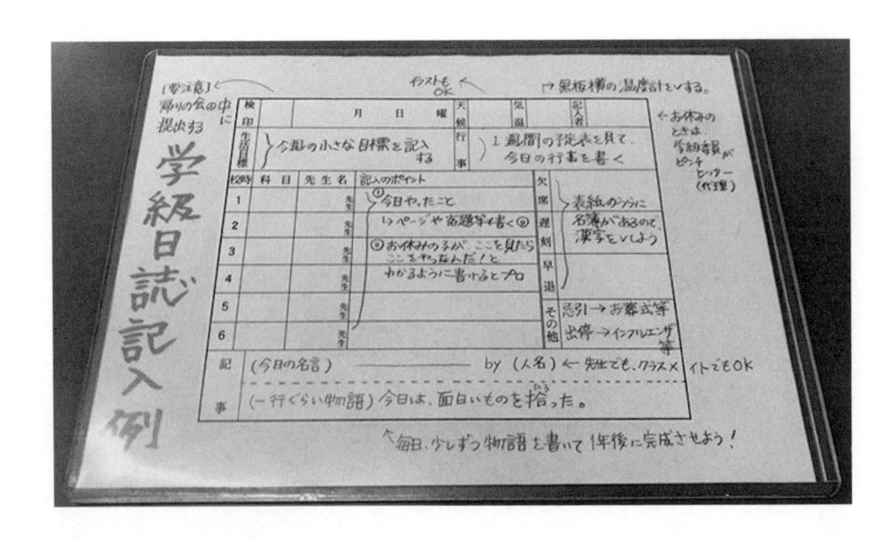

チェック

073 年間を通すと〈ばか〉にはできない

盲点の移動時間と〈時間割〉

教室で見えるもの

□教室→職員室の歩数や時間を１度確認
□休み時間の「素」の生徒も見られる＝空気のように座って見ているひとときも必要

教科担任制の中学校／高等学校になると、授業が終わり職員室に１度もどり、また次の教室に向かうスタイルが一般的ではないでしょうか？

教室から職員室までの距離にもよりますが、だいたい行き帰りで「休み時間」の半分弱を消費します。それが１日６時間、年間約200日と考えると、教科の１単位ぐらいの時間になります。だから、年度当初の時間割作成前に、連続授業も厭わないことを作成者に伝えておくのです。作る側も助かる言葉です。

また、時間割作成に関わると、出張等のときに自習にしないために「授業コマ」を動かすことが、抜群に上手くなります。無意味に自習にするのではなく、基本は授業を交換（場合によっては複数）して、自習０を目指すのがマナーです。どうしてもの場合は致し方ありませんが、時間割は「動く」と念じてみると、意外と動きます。時間割の世界は、語りきれない奥深さがあるのです。

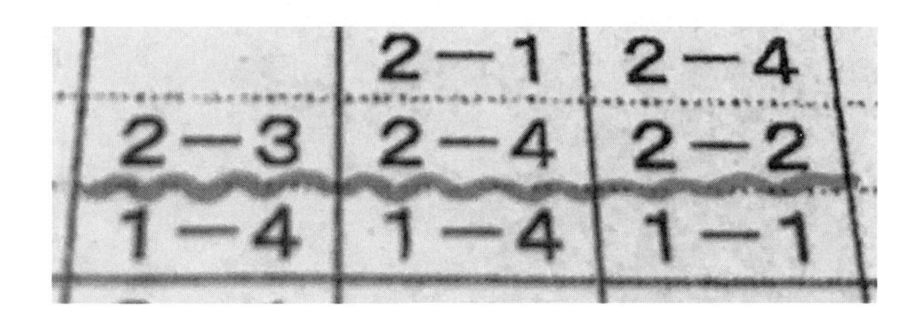

チェック

074 「鍵」だって財布に入れてしまえ

大きな鞄で仕事に行かない

財布と携帯ぐらい

□財布に鍵も入れる＝鍵の数も厳選
□持ち帰っても、また運ぶだけになる率が高い→「持ち帰り禁止条例」を自分で制定

　とある学校で定時に帰る先生が使っている鞄を、集計してみたことがあります。結果は、比較的鞄が小さい先生が多いことと、鞄すらもらたない先生が、予想以上に多数いたことです。つまり、持ち帰りが少ないことを表していました。仮説で、鞄が小さくなれば、早く帰るようになるかなと実験してみると、勤務時間内で仕事をやるようになり、大きい鞄のときよりも帰宅時間が早くなりました。突き詰めていくと、小さな財布と小さな鞄には、大きな関係性があることもわかりました。小さな財布→だから小さな鞄→だから持ち帰りがなくなります。働き方改革の第一歩として、小さな鞄を買ってみてはどうですか？

チェック

075 毎年、机の位置が変わるんだから

誰の机か意外とわからない

机の「表札」を置く

- □マグネット型だと異動時もすぐはずせる
- □意外と盲点ですが、フルネームで書いておくと、他の先生にとっても便利

個人的に好きな時間に、職員室の席の移動があります（もちろん、移動／異動のない学校もあるかもしれませんが……）。ずっと同じ席で同じように仕事をするのではなく、学年団で場所を移動する学校が多いのではと思います。

職員室にいる者は、席が変わっても場所が誰の席かはすぐにわかります。ずっと職員室にいるのだから当たり前です。しかし、たまにくる人たち（保護者や業者等）には、どの席が誰の席なのかわからないことか当然あります。なぜなら、毎年のように席が変わるからです。

今は、親切に職員室の入口に座席表が貼ってあるところもあります。しかし、実際に入ってみると、「あれっ？」と忘れてしまう場合もあります。

私の好きな詩人の一人に「石垣りん」がいます。その代表作で「表札」という詩が有名です。実際に読むと、表札は家だけに飾るものではないことがよくわかります。

小さくてもかまいません。この机が自分の机だとわかる小さな「表札」を出してみませんか？　小さな配慮かもしれませんが、そういう小さな心配りが、職場のやわらかい空気感やいい雰囲気をつくっていくのです。

チェック

076 引き出しをあける時間を0に

一軍文房具は机に入れない

選抜された文房具

□使う使わないの基準は経験とともに変化する
□一軍の文房具は、置き方にも注意→使いやすい向きで置いておくのが上級者の収納

仕事で使う文房具を、全部机の上に並べてみます。そうすると、使う使用頻度の高い一軍文房具、ときどき使うことのある二軍文房具、とある季節限定の文房具等に、分類することができでしょう。

この作業は最低限1年に1回はやるとベストです。使う文房具の見極めと、一方で「リストラする文房具」を決める作業も伴います。

使う回数に応じて、しまう場所が決まります。つまり、よく使う一軍の文房具は、手の届くところに。そして、引き出しをあける作業をしない場所に、輝かしく置きます。

机を広く使いたい場合は、100円ショップ等に行くと、マグネットで机にくっつくタイプの収納グッズがあります。あれを活用してもいいでしょう。いやいや一軍なんだから机の上に置いておきたいと考える人は、利き手の側に置いてみてもいいと思います。

使用頻度が少ない文房具は、引き出しの中で出番まで待機です。1年間使わなかった文房具は、肩を叩いて解雇です。

ときどき一軍の文房具に二軍が混ざるときがあります。その状態が続かないようにたまには見直す余裕と時間が必要です。

チェック
□

077 記録やアイディアを逃さぬために

軽いボールペンを使おう

相棒は軽いやつ

□これだ！　と決めたらまとめ買いする
□メモ用紙がないとき、手の内側にさらっと書く→消える前に書き写すようになる

採用試験に合格する前に、臨時採用（＝講師）で、いわゆる荒れに荒れている中学校に勤務したことがあります。ガラスが割れるのは日常茶飯事で、出火もたびたびの学校です。そこでは、何かが起きると「場所」「時間」「現象」「対応」を報告するため、メモをする必要がありました。学校の先生は、（アイディアも含めて）メモをする技術が必要です。

その根本技術は、メモする筆記用具を常備していることです。いつも持っていないと、書くことはできません。ずっと持っているに値する筆記用具を準備する必要もあるのです。

以前、通販サイトで「ボールペン」を検索して、その中で一番軽いボールペンを探し続けたことがあります。そして、その情報を持って、大きな文房具屋に実際に行き、最も軽いボールペンを探したのです。個人調査の結果が、写真のボールペンです（品番は三菱鉛筆の SN-80）。

軽さは絶対条件ですが、それに加えて「ひっかける部分」があることも重要です。私の場合は、女性が髪を束ねるときに使うゴムを、100円均一でしれっと買って、それを首にぶら下げて使っています。手ぶらで使えるところと、伸びるのでひっかけつつ書けるところが最強です。他に浮気をせずこれだけを使っています。

チェック

078 座っている時間から考えてみると

椅子についてよく考えよう

自宅編・仕事場編

□異動したときは、特に高さを調節しよう
□椅子はやたらめったら買い換える訳にいかないので、少し奮発してもいいものを

先生のお仕事の多くは、立ち仕事です。しかし、少なからず、椅子に座る時間もあります。その時間は、事務作業や考えるための時間になるはずです。

また、インターネットをしたり、読書をしたり、ほっとしたりと、家に帰って座る椅子もあるでしょう。

仕事場の椅子は、ほとんどが着任時にあてがわれたものです。運命的と言ってもいいでしょう。新品のいい椅子である確率は極めて低く、もしかしたら自分より年上の椅子の可能性もあります。

つまり、身体と椅子が合っていない可能性が、かなりの確率で起こりうるのです。その問題を解消するために、通販サイト等で身体にいいクッションや高さを調整するためのグッズを用意してみてはどうでしょうか？

また、自宅の場合であれば当たり前ですが、自分で調達できます。おまけでついてきたような椅子に座っていると、最終的には「いつか」身体にダメージが出ます。先生という職業でも、身体が資本です。

私の場合、ゲーミングチェアをみつくろって買いました。長時間読書してもいいように、金額は少しお高めです。でも、読書の質がぐっと高まればお安いものです。

チェック

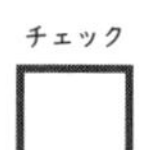

079 探してもタイムマシンはないよ

〈細長い〉引き出しは難しい

上級者の引き出し

- □「使わない」という選択肢もおすすめ
- □この細長い引き出しを上手に使いこなせている人は、仕事ができる率高し

おへその前にある「引き出し」は、書類がたまりやすい悪の巣窟です。それを防ぐために、教室に掲示する「日報」「週報」をA3サイズに印刷してしまいます。他の書類が入らない聖域にするのです。

また、上手に使えない人はこの細長い引き出しを取ってしまうのも荒技ながら効果があります。更衣室のロッカーの上にしまってしまうのです。当たり前ですが場所がなければ書類がたまることはありません。足元も広々としてかなりリラックスできます。

チェック □ 

080 教科書の写真だって、変わらない

使い回せる写真を1枚用意

なんだかんだ使う

□急変しなければ数年間はずっと使える
□餅屋は餅屋で、写真館で撮ってもらった写真は、素人では撮れない、いい表情になる

Facebookの顔写真も、左のものを使っています。この写真は、実はとある高校で勤務していたときに、写真部の部長にお願いして撮ってもらった1枚です。光の具合であったり、いろいろと計算して撮ってくれたので、お気に入りの1枚です。

意外と、1枚写真をお願いできませんか？　という場面はあります。例えば、PTA会報や、学年便りに載せたりと、顔写真の1枚いいものがあれば、けっこう長く使えます。老化もありますが……。

私の場合は、裏技で生徒に撮ってもらいましたが、王道は写真屋さんで証明写真を撮ってもらうのです。数百円の機械の証明写真ではなく、生身の人間に撮ってもらうのです。

お値段的には、1回の飲み会分ほどの費用がかかりますが、いい1枚をきっと撮ってくれることでしょう。不思議とこういう必殺の1枚を持っていることが、自分を違う世界に連れて行ってくれるのです。

私もこの業界で原稿を書くきっかけになったのは、たまたま飲み会で隣に座った方が、出版社の方で同い年という奇遇で依頼されたためです。人生は何が待っているかわかりません。そんな日のために写真を1枚を用意しておくのです。用意しておくから、扉が開かれるのです。

チェック □

081 意外と隠れたところにある率高し

清掃用具庫の場所に行くぞ

清掃用具庫を訪問

- □清掃用具はぶらさげることを基本に
- □掃除の成功率は、清掃用具の充実にかかっていると言っても過言ではない

異動したらまず訪ねておきたい場所があります。それは清掃用具が保管されている場所です。経験上、うす暗いところにある場合が多いので、意図的に探さないとたどり着けません。

学校の清掃用具は消耗品ながら、けっこう長く使われている場合があります。これはもう使えないレベルでしょ！　というものも……。掃除をやらなくて怒るような先生がいますが、その前にその清掃用具を新調してみてはどうですか？

もし、その清掃場所にやんちゃな子がいたら、一緒に清掃用具庫に行ってみます。そして、掃除がやりやすいように新しいものに一緒に変えるのです。一緒にやるところが最大のポイントになります。人はコントロールされていると思うと抵抗しますが、一緒となれば抵抗される可能性も低いのです。

仕上げは、清掃用具の保管場所の手入れをします。年々予算が減らされている地域も多いので、清掃用具入れは昭和・平成の香りがするような古いものが多いのが現状です。片づける場所まで気を配らないと、清掃用具の寿命は伸びません。もし、掃除が上手くいっていなかったら、「もの」の準備から始めてみるのが近道です。

チェック
□

082 使ってもらえるならば、ペンも本望

ペンは剣よりも増え続ける

使わないなら〈寄付〉

□その他に印刷室に置く方法もあり
□インクが出ればいいのではなく、使い勝手がいいという基準で文房具を選抜しよう

意外と、机のまわりの整理整頓を邪魔するのは「ペン」関係かもしれません。近年、意志とは無関係に増える文房具の代表格はペンとクリアファイルです。

クリアファイルは薄くて、なんだかんだ使い勝手がいいのでそれほど困りません。しかし、景品やおまけで配られる安価なペンは、書き味もデザインも抜群ではありません。一軍の文房具にはなれません。問題なのは、文房具の定数を脅かすことです。定数以上になると、引き出しの中の「きれいさ」「便利さ」まで破壊し始めます。

しかし、日本人の昔からある「もったいない」精神で、ついつい使い勝手が悪いにもかかわらず、持ちつづけてしまう先生が後を絶ちません。「ものは大切に使いましょう」というスローガンが脳のかたすみで、ちらちらしてしまうのです。「ものは大切に使いましょう」を解決するポイントは、主語を変えることです。つまり、自分ではなく誰かに大切に使ってもらえばいいのです。

私の場合は、電話の横に使わないペン等を勝手に寄付しています。不思議なことに、この寄付したペンはしばらくすると数が減ってきます。誰かのもとに大切にもらわれていったのです。自分の使わないペンが、誰かの役に立ち、なおかつ整理整頓された状態が続く一石二鳥の方法なのです。

チェック
□  083 毎年、定期的に配れるものは同じ

黒服ならぬ黒紙で掲示する

銀色のペンが光る

□異動初年は配布されるプリントがわからないので他クラス参照
□貼るためののりもたっぷりと用意しておく＝貼る場所と貼る道具はセットで準備

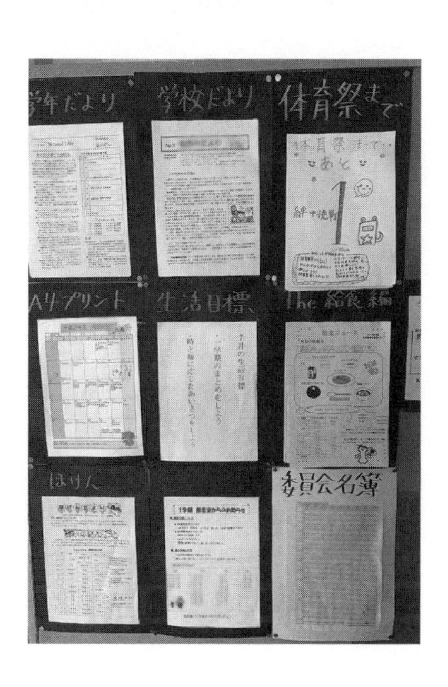

　教室掲示してくださいというプリントは、毎年同じような頻度で、同じように配布されます。例えば、学校だより・保健室通信・給食のコラムなどなど、いろいろなものが頭に浮かぶことでしょう。
　上部から入れるクリアファイルのようなケースで掲示する学級もあります。否定はしませんが、前の号を確認するためにめくれない＋捨てるときにいちいちプリントを出す必要がある等の理由から、私個人は採用をしていません。
　私が採用しているのは、黒い画用紙にA4のプリントを貼る方式です。そして、必殺の「銀のペン」でタイトルを記入して、その下にのりでぺたっと貼ってもらっています。この作業は、子どもたちにお願いしています。どこに貼ればいいかわかるから、お願いができます。つまり、私が知らぬ間にプリントは、黒紙のところに貼られていくのです。
　ここに１つの工夫があります。写真の左端に「A4プリント」という雑多なものを貼るスペースがあることです。どこに貼っていいかわからないようなプリントは、お願いされている子どもたちにとって厄介なしろものになります。でも、貼る場所に迷ったら「ここだよ！」と最初に伝えておけば、問題はありません。印刷から教室掲示までは１つの流れなのです。

チェック

084 幼稚園や保育園で習ったでしょう

口にするときは手洗い＆嗽（うがい）

水で十分→嗽（うがい）＝ ugai

□固形石鹸の方が長持ちするので経済的
□学校現場では、廊下に流し場があるので、うがいを習慣化するのは意外と簡単

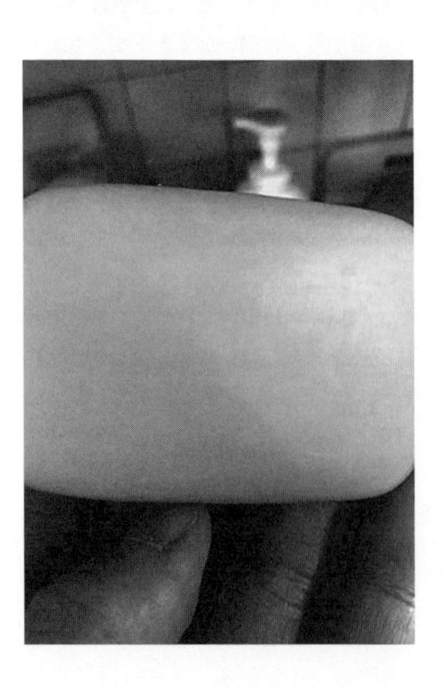

コロナ禍で手洗い＆うがいが、かなり浸透してきました。それにともない、風邪やインフルエンザの罹患率が非常に下がっていると感じます。だから、職場で風邪で休む方が例年以上に少なかったです。

私が心がけていることは、口から何か入れるときは、うがいをすることです。例えば、お茶を飲むときやご飯を食べるときが該当します。身体の中に悪いものが入ってくるのは、基本は口からです。

もちろん、けがをしてばい菌が傷口から入る場合もありますが、それは別物です。でも、よくよく見ると、傷口には「口」という漢字が使われているから、あながち間違いではないかもしれません。

あとは、薬用の石鹸の活用です。薬局へ行くと固形の薬用石鹸は、だいたい棚の一番下にある場合が多いです。複数個買ったらしばらくもちます。お高めのスイーツを買うよりも、安い値段で手に入れることができるでしょう。薬用とついている以上は、普通よりは効き目があると思って使っています。職場の手洗い場にそっと置いて、みんなで使ってもらうと、経験則ですが、職場の風邪罹患率も下がる気がします。

どちらにしても、みんなが健康であることが、教育現場では大事な前提です。

チェック

085 拭くものがあるから拭いてしまう

机を拭くための、臨戦態勢

机の下に備えあり

□「気分転換」のツールとしても大活躍
□仕事が遅い人は、広い机で仕事してみるorこもれる場所をキープしてみることから

机の上は広々とした方が、個人的には仕事がやりやすいタイプです。ものがたくさんあると、気が散ってしまいます。そういう子どもと同じかもしれません。

机の上を拭くために、以前は台拭きみたいなものを使っていました。しかし、使うためには水道のところまで行く必要があり、なんだか億劫です。

いろいろと対価や手間を考えた結果、安価なウエットティッシュや使い捨てのおしぼりのようなものを、とりあえず買って使っています（使う分だけ机の近くに置いておき、ストックは更衣室のロッカーの中です）。

それを使いたいがために、机の上をきれいにしようという変な発想です。誰かから「机の上をきれいにしろ！」的な命令は、正直まっぴらごめんだと思っています。

人に言われるからきれいにするのではなく、きれいにしたいと思う環境を自分でつくるのです。そうすると、仕事場だけではなく、自宅でも同様にきれいにする習慣が続きます。

ものがたくさんあっても仕事ができる人がいます。何もない方が仕事ができる人もいます。どちらにしても、自分が仕事をしやすい環境を知ることが基本です。

チェック

086 今やっていることを振り返る！

問題がなければ、自動的に

遊び心のある仕事

□やらないことを決定→意外とむずかしい
□高橋書店の「名言・格言日めくり」カレンダー（手帳大賞作品集）はおすすめの逸品

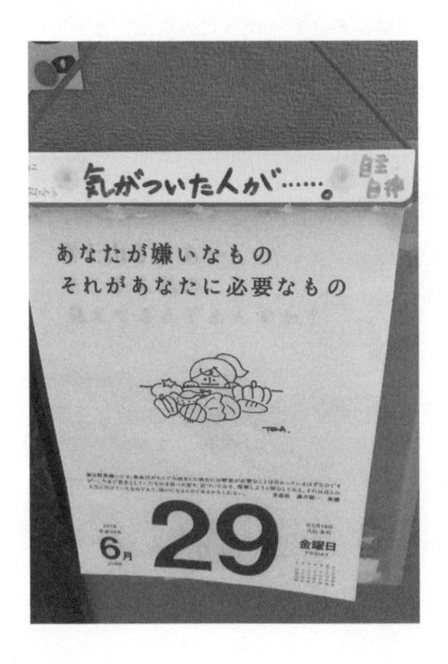

働き方改革という言葉がこの数年よく使われるようになりました。しかし、自分の仕事を再検討すること抜きに、声高に叫んでも大きな変化にはならないでしょう。出勤時間から退勤時間まで、目の前のことに追われてしまって、その仕事を本当にやる必要があるのか、正しく判断ができていない場合があります。何かをやるときに「本当に必要か」２秒考えてみます。単なる必要ではなく、「本当に」という部分がミソです。

左の写真は、昇降口から教室まで行く途中に飾っている日めくりカレンダーです。上部に「気がついた人が……。」と油性ペンで書きました。私が、初日はめくって設置します。それ以降は、誰がめくっているかわかりませんが、自動的に次の日には１枚めくられて日付が変わっています。

これは極端な例かもしれません。しかし、何となくやっている小さな業務は本当はやる必要がなかったり、子どもがやった方がよかったりする場合もあります。もちろん、先生の仕事を放棄することを意味しているのではありません。仕事を再検討すること≒新しい仕事が入ってきても、大丈夫な環境をつくることです。そうしないと、仕事は永遠に増え続けてしまうことになります。そのための「２秒」なのです。

チェック □

087 書き込みが、次の授業を楽にする

教科書は買ってしまうべし

そんなに高くないよ

- □使っていない会社の教科書も買っちゃう
- □各校にいる「教科書担当」に質問すれば取り扱い書店をすぐに教えてくれる

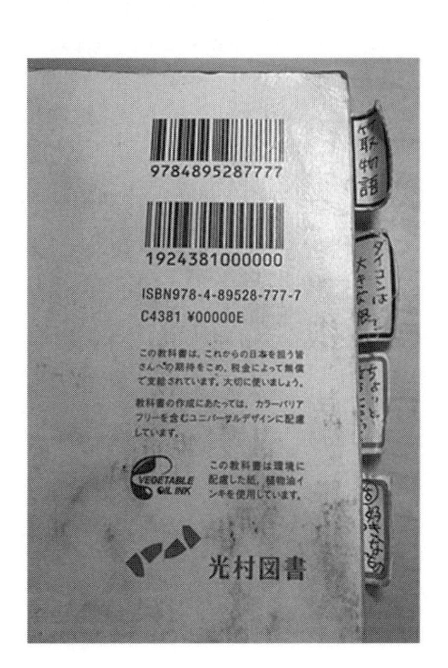

一般的なのは、学校で買ってもらった教科書をみんなで使うパターンが多いでしょう。担当する学年が決まったら、その教科書を借りる方式が日本中では多い気がします。この「借りる」が曲者です。誰かのうっすら書き込んだ線や走り書きが気になったことは、教科書あるあるの１つです。

教科書は、実は誰でも買えます。値段も安いです。「教科書定価表」で検索すると、すべての教科書の値段がわかります。中学であれば、４桁の値段がするのは、社会科の「地図帳」だけです（余談ですが、いろいろな教科の教科書の値段を見ると、差があってちょっと面白いですよ）。

特に、教科担任制の中高では、My 教科書は次にその教材をやるときに、助けてくれる心強い相棒です。授業をやってみると、上手くいったところと、改善を要するところが出てきます。それを書き込んでおくと、次にやるときに失敗率が激減します。逆に、成功率があがるだけです。もちろん、自分の教科書ですから思い切り書けます。インデックスラベルだって、思う存分貼ることができます。

次の教科書採択まで、ずっと使える点からも、費用対効果は抜群です。まだ買ったことがない先生は、今からでも遅くはないので、ぜひ「おためしあれ」！

チェック
□

088 とりあえず「25分」働いてみよう

ポモドーロ・テクニック？

やる時間／休む時間

□５分の休憩は、本当にぼっーとする
□１日に何回使えるか？　調べてみると、自分の１日の仕事量や使える時間が見える

カタカナは苦手ですが、ためしに「ポモドーロ・テクニック」と検索してみてください。たぶん、トマトの絵とやり方が出てくると思います。仕事の時間を管理する方法の１つです。

性格的に「設計図」が描けないと、仕事に取りかかれないタイプの先生も、きっといることでしょう。その「設計図」を描いている途中に、どんどん次の仕事がやってきて、また設計図を描かなくてはいけない状況になることは、多々あります。

仕事が溜まりそうなときは、私は時間で「とりあえず」始めるようにしています。うまくいくかわからないけど、「とりあえず」具体的に動いてみます。動けば０から１に少しは進みます。０は動かないと０のままです。

このポモドーロ・テクニックの基本は、25分働いて５分休む方法です。何回かくり返すと、長めの休憩となります。アプリでもWeb上にも、時間を計るものがたくさん出ています。

何から手をつけていいかわからないときこそ、まずは時間で自分を動かしてみましょう。動いてみると、具体的に見えるものがきっとあるはずです。

チェック
□ 

089 その学校になじむための「行為」

住所を、電話を、言える。

聞かれて即答の巻

□盲点の FAX も覚えておけば、それは上級
□手紙魔ならば〈住所印〉をつくってしまう

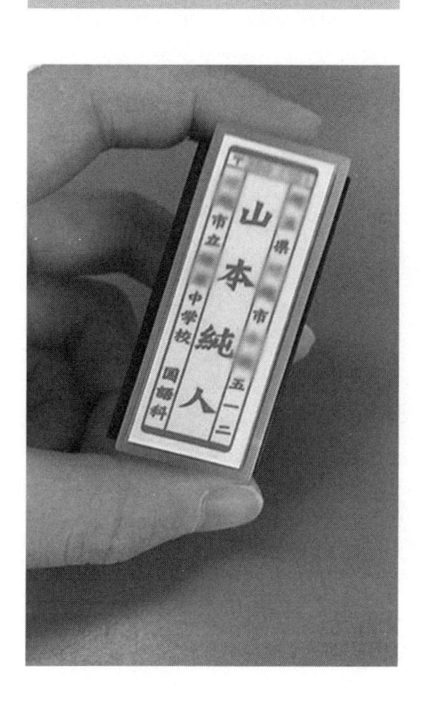

異動したときに、いろいろ最初にやることがあります。鍵の位置を覚えたり、ゴミ捨てのルールのチェックであったり、学区内の範囲の確認であったり……。

しかし、一番最初にやると、のちのち効果的なことは、異動先（つまり新しい学校）の情報を覚えることです。具体的には、郵便番号・住所・電話番号・FAX番号です。何も見ないで言えるようにします。

よく２校目の異動の先生、つまり若い先生がやりがちなのは、異動してきたときにいつまでもいつまでも前任校の話を持ち出すことです。それぞれの学校によさがあります。ずっと前の学校と比較していては、日常は前には進みません。

その学校の住所等を覚えることは、大げさに言うと、その学校に「とけ込む」儀式なのです。前の学校の電話番号よりも、新しい学校の電話番号がすらっと言えるようになれば、新しい学校にも早い段階でなじみ、思ったよりも上手くいくでしょう。

電話口で「念のため電話番号を教えてもらえませんか？」ということは多々あります。携帯が発達して覚える習慣がなくなったからこそ、こういう小さな行為が、仕事をスムーズにしてくれます。若者であろうが、ベテランであろうが、その学校の職員であることは間違いないのですから。

チェック

090 使用率0までは、まだまだある

この朱肉が目に入らぬか！

意外と使う朱肉編

□ときどき朱肉を補充することも忘れずに
□上の引き出しにつける just サイズ（これからの時代捺印が減ることも祈りつつ）

いろいろなものが、パソコンで処理できるようになりました。しかし、まだ学校の世界では〈印〉を押すときが、予想以上にあります。回覧板に「見ましたよ！」と印を押したり、指導案に捺印したり、「受領しましたよ」と押したり、意外と使用頻度はあります。それをいちいち引き出しから出していては素人です。引き出しに貼りつけてしまうのです。ふたを外せばすぐに使えます。強力な両面テープで固定すれば、簡単には外れません。これはおすすめの方法です。

朱肉を Wikipedia で調べてみると、面白いですよ。昔は、武士しか朱肉が使えず、庶民は黒だけであったり、朱肉の容器のことを「肉池」と呼んだり、一度じっくり読んでみることをおすすめします！

チェック

091 毎日使うと思えば、驚異の安さ

印鑑の国の先生なんだから

独自に印鑑を注文

□最近は、その年の干支で作っている
□裏技として、「名前がない」や「再提出用」を作ると、教員生涯で使えてよい

いろいろな国を旅しましたが、日本は本当に印鑑の国なんだなと感じます。指導案に使う印、起案のときの印、要録のところに押す印、着任するときに押す印等、真面目な印を押す場面は多々あります。

一方で、検印のニュアンスで押す印を、学級担任、教科担当、部活顧問等では、数限りなく押すでしょう。いちいち朱肉を使っていたら、日が暮れてしまいます。だから、自分オリジナルの印鑑（＝シャチハタ）を作ってしまうのです。特に、教科で使う場合にはおすすめです。

検索すると、飲み会１回分もかからない費用で、印鑑を作ることができます。もちろん、補充のインクを買ってもお釣りが来るぐらい、お安く手に入ります。

写真は、「自分をかえる」をテーマにした学年だったので、「蛙」のイラストと、自分の苗字＋下の名前１文字で作ってもらったものです。市販のシャチハタでもいいですが、メッセージ性が弱いのが傷です。また、評価に関係するとなると、簡単な苗字であれば、市販のもので偽造されてしまう可能性もあります。

買うかどうかまだ迷っているようであれば、そのお値段を年間の授業数で割ってみてください。本当に、数十円となるでしょう。よく使うものこそ、ひと工夫を。

チェック

092 ゴールは、すばやく伝わるため

ほとんどは、手書きで十分

1枚仕上げる時間？

□文字の大きさが価値の大きさ
□手順を番号で伝えるようにすると、子どもたちが自然と動き出すようになる

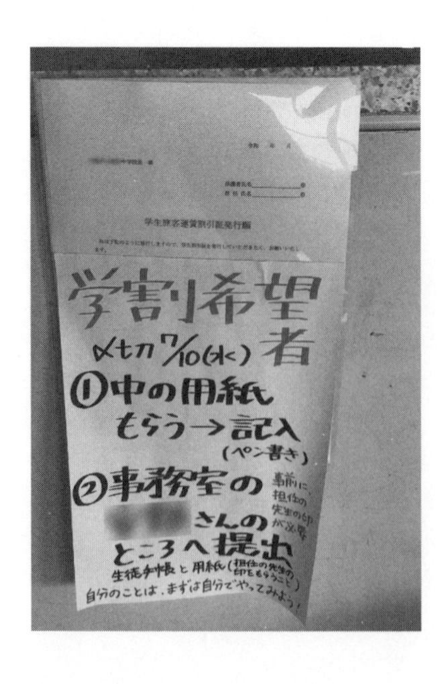

最近は、「働き方改革」の関係で、在勤時間が確認できるようになりつつあります。1か月どのぐらい学校にいたか？今までは、わからない先生もたくさんいました。今は具体的に、何時間残業しているかわかる状況です（自治体によっては、まだのところもあるかもしれません。そんなときは、スマホのタイムカードアプリ等を活用すると、同じように仕事時間がわかることでしょう）。

仕事の総時間数がわかれば、月々の給料を時間数で割って、単純な時給がわかります。時給がわかれば、分給（1分あたりの費用）もわかります。分給がわかれば、仕事にかかっている費用がわかるはずです。意外と、今の教育界で使っているパソコンは、パスワードが必要な場合が多いです。もしかしたら、鍵のかかっている保管場所からパソコンを出す手間が必要な職場もあるかもしれません。そんな状況を考えると、アナログな手書きの方が、費用対効果が高い場合が少なからずあります。特に、来年度に残す必要がない瞬間的な連絡は、手書きの方が数倍早いです。

A4の紙にさらっと書くことに自分がまず慣れることです。子どもたちは、文字を読むことができれば、手書きだろうがパソコンの文字だろうが、あまり気にしません。大事なことは旬な情報です。

チェック □

093 今どきは、頼んでみるのもいい

似顔絵はいろいろと使える

ずっと使えるから

□背景に透過をかけてもらうことも選択肢

□印刷を前提にすると、白黒で作ってもらった方が、そのあと数倍使いやすい

このイラストは、自分の写真を送って、それをもとに作ってもらったものです。絵心があり、さらっと描けてしまえばいいのですが、私の腕前ではそうはいきません。

今は困ったら調べてみると、得意な方に簡単にお願いができます。ためしに「似顔絵　お願い」と検索すると、思った以上に安いお値段で注文することができます。最初に、サンプルのラフ画像を送ってくれるところもあり、こちらの意図やイメージを確かに伝えることもできるので、おすすめです。

活用方法としては、学級通信のかたすみに使ってもいいし、授業で使うプリントのはじっこに載せてもいいし、Zoom や Facebook のアイコンとしても使うことができます。

今まで数人の方にお願いしてつくってもらっていますが、満足度はいつも高いです。味気ないプリントの片隅に、そのプリントをつくった人の似顔絵がちょこっと載っているだけでも、なんとなく人間味が出てきます。

裏技としては、本当に親しい人に「似顔絵」をプレゼントして贈ることもできます。今までにないもので喜んでもらえるかもしれません。あくまで本当に親しいという条件が前提ですが……。

094 パソコンを使わないときの処方箋

“まな板立て”は、最強説

机を〈広々〉使う

□無理に「もの」0を目指さない
□自分が使いやすい広さがあればOK

棚のない机にパソコンを置くと、そのスペースがある領地は死んでしまいます。もちろん、文章等をつくる際に打ち込むときは開いた状態でOKです。しかし、使わないときにどうするかが、大きな分かれ道となります。逆転の発想で、パソコンを立ててみてはどうでしょうか？立てると机のスペースは広々と使うことができます。では、立てるための工夫はというと「まな板立て」の活用です。安価で丈夫なものが売っています。それを手に入れて立てるだけで、仕事効率は驚くほど変わるはずです。

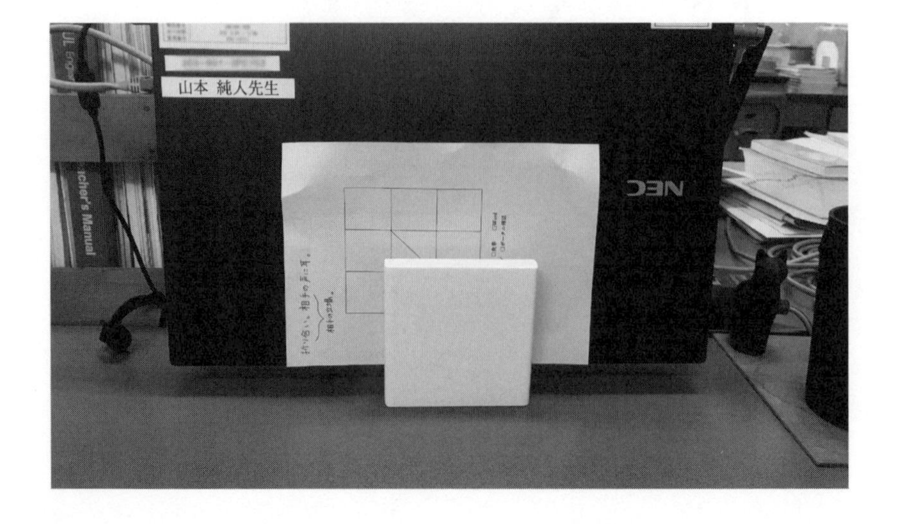

チェック
□  095 授業のない時間は「黄色の枠」

「手帳」も立ててみる

まな板立て大活躍

□自分の中で色のルールを決めよう
□無理に全部に予定を入れず、何かに対応できるように余白の時間も先に入れよう

先述のように、パソコンを使わないときは、まな板立てに挟んでパソコンを収納しています。そのときに、一緒に教務手帳も立てています。譜面台のような感じです。

空き時間は黄色の蛍光ペンで記して、使える時間と使えない時間を可視化します。また、大切な用事は色や太字で書き込み、見落としを0にしています。立てて置くことで机は広々と使え、一石二鳥です。金曜日まで見渡せるので、１週間の中でのやりくりもできるようになります。教務手帳を立てることが仕事の第一歩です。

チェック
□

096 机の上を広々と使うためには

付属のマウスからの〈卒業〉

有線でなくても◎

□有線マウスはロッカーの奥にしまっておく
□無線マウスで、「他にもどんな機能があるといいかな？」と調べてみる楽しさもある。

机の広さは、脳みその使える広さと同じような気がします。だから、机の上はできるだけ広々としていたほうが、いいアイディアも出るし、むずかしい問題にも対処できる余裕につながるでしょう。

そこで注目するのが、マウスです。先生にも１人１台の端末が支給されるようになってきました。もちろん、それが当たり前の自治体もあれば、ここにきて環境が整ってきた自治体もあるはずです。

だいたいの端末は、所属している自治体等がリース契約を結んでいるケースが多いでしょう。地味な色のパソコンと、付属のマウスが配給されます。実は、当たり前に配られる付属マウスが曲者です。

マウスのほとんどが有線タイプで、パソコンとつながれています。だから、机にはそのためのコードがある状態になってしまいます。コードは、仕事に必要ですか？　単純に邪魔だし、もしかしたら飲み物をこぼす要因にになるかもしれません。

マウスは、自前で買うことをおすすめします。それほど高価なものでなくても、十分無線で使うことができます。そして、少しいいものを買うと、コピペもかなり便利にできます。文書作成のスピードも倍増です。当たり前を見直すことも必要な仕事です。

チェック □ 

097 油性ペンでなんでもさらっと記名

名前は見える位置に書く癖

探しものは時間ロス

□紙類には、シャチハタで「氏名」を捺印
□消えるときもあるので長期休暇でなぞる→名前の点検は春休みの宿題とする

子どもたちには、口酸っぱく「名前を書きなさい」と言いつつも……。意外と大人になると、自分の「もの」に名前を書かない人が増えます。

例えば、湯呑み。ありがちなのが、底の裏に書いてしまうパターンです。ラベルプリンター等で名前をシールにする場合もあるでしょう。しかし、底に貼ると持ち主を探すときに、持ち上げて底を見なくてはなりません。単純に、見えるところに油性ペンでさっと書いてしまうに限るのです。

他にも、教務手帳や教科書にも見えるところに名前を書いておきます。年齢は関係なく、忙しくなったり、いろいろなことが重なったりすると、どこかにものを置き忘れることが多々あります。

えんま帳等、うっかり置き忘れてしまってはいけないものもあります。なくなると肝を潰すような「もの」にも、名前を書いておけば万が一のときの「命綱」になります。もし、万が一の置き忘れも、表紙にわかりやすく名前が書いてあれば、余計な問題にはつながりません。小さな仕事の癖ですが、何十年もこの仕事をやる上で、きっとあなたを助けてくれる方法の一つです。

さっと名前が書ける油性ペンを、机に準備することから始めてみませんか？

チェック

□

098 立体的に使ってみる視点は？

位置を変えてみると意外と

固定観念を変える

□ものはためしぐらいの気持ちでスタート
□長期休暇で「もの」の位置も再検討する＝同じ場所にあればいいとは限らないので

高校勤務のときは、業務用パソコンは机の上部に置いて使っていました。打ちやすい無線のキーボードが、安価で売っていますので、少し高いところに設置しても、あまり問題はありません。それ以上にメリットばかりでした。単純に灰色の机で使える面積が広くなります。上を見るので下向きにはなりませんし、姿勢も悪くなりません。画面との距離も丁度よく、目も悪くなりません。必要以上にパソコンをいじることもなくなります。仕事効率とは、どこに何を置くかで大きく違いが出るものです。もちろん、何も置かないことも選択肢となります。特に、異動したときが再び机の使い方を考えるいいチャンスとなります。

チェック □

099 不要な「ペン」は、ここで再任用

電話周辺を、整える心意気

使わない日はない

□ときどき水拭きをしておきたいところ
□電話自体に電話番号とFAX番号をラベルで明記

これだけ世の中で文明の利器が発達しているにもかかわらず、残念ながら教育の現場では、まだ「電話」が仕事で必要です。

自分の仕事場の電話周りをよく観察すると、誰かがメモ用紙を置いてくれて、ペンを用意してくれている場合が多いのです。もし、メモ帳も文房具もなかったら、余計な時間を使うことになります。

さて、自宅や自分の引き出しを見てみると、使っていないボールペンやメモ帳がわんさかありませんか？　いただきもののボールペンや、何周年記念のシャープペンシル等、意外と使っていないものが多いはずです。使わないメモ帳が引き出しや家にあることほど意味のないことはありません。

私はそういった眠っている文房具は、どんどん電話の周辺に置いていきます。端的に言うと寄付です。必要な人に使ってもらって、なおかつ使っていない文房具がへり、一石二鳥です。仕事では、自分の仕事が速くなるだけでは、実際のところはそれほど効果がありません。職場の同僚が困らないようにすることで、仕事効率が全体的に上がっていくのです。

印刷室の片隅に使っていない文房具を置くことも同様に効果があります。使われない文房具だって誰かのために張り切って仕事をしてくれることでしょう。

チェック □ 

100 こまかく分けて、ラベリング

レターケースでの整理整頓

苦手ならば一工夫

□ときどき「ラベル」を見直すとgood
□整理整頓の関係の書籍は、数冊読んでみてもいい→学校であまり具体的なことは教わらないので＝先生が１つの見本

意外と、教室の先生の机の中がごちゃごちゃなことが多くあります。職員室の机の中は意識しても、なぜか油断しがちな教室の机。使い勝手がよければ、ごちゃごちゃもいいですが、悪ければ「レターケース」がおすすめです。写真のように、１つひとつにラベリングをします。整理整頓が苦手な人は、具体的に書いた方が整うでしょう。けちくさいことは言わず、子どもがプリントを忘れてしまったときや手元にないときは、ここから貸し出します。大事なことは、その時間が有意義になることです。担当をずっとやりたいと考えているならば、想像以上に、使い勝手がいいのでおすすめできます。

チェック

□

101 最後は、ほとんどシュレッダー

〈封筒〉で紙を管理する方法

捨てるまでを想像

- □事務室等で、使い古しの封筒をもらう
- □色の特徴的な封筒は大事な書類に使う

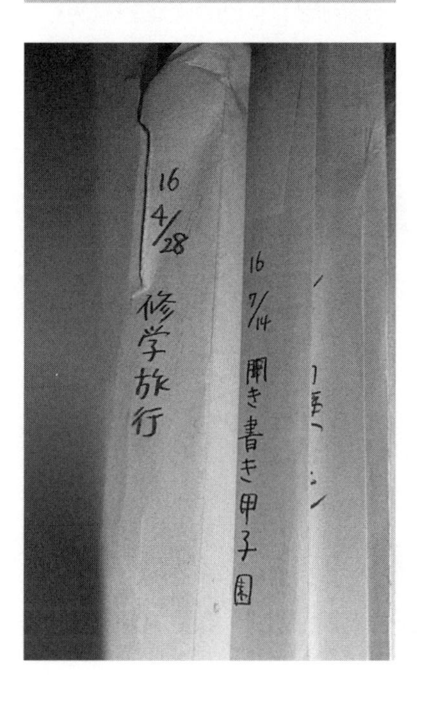

学校現場は、紙との付き合い方が仕事を左右すると言っても過言ではありません。毎日、少しずつ配られる紙と、職員会議等でどっと配られる紙を、効率よく「処理」しなくてはならないのです。

試行錯誤の結果、私は野口悠紀雄の「押し出しファイリング」にたどり着きました。使い古しの封筒に、紙を内容ごとに分けてしまう方法です。この方法は、教育界にとても向いていると思います。理由は、異動のときに、せっせとシュレッダーする姿を見るからです。つまり、学校で手にした資料のほとんど、大げさに言うと99％の紙資料は「捨てる」のです。だから、捨てやすい方法で、紙を整理整頓するのが王道となります。

具体的には、封筒の右上に、日付と内容を鉛筆で書きます。鉛筆で書くのは、封筒を再利用するためです。そして、引き出しの一番下のところに入れて完了です。もし、使うものがあれば封筒ごと出して、使い終わったら右端に戻すだけです。ポイントは、なるべく封筒が厚くならないように分類することです。なぜなら、そのままシュレッダーにかけたいからです。ぶ厚くなったら、１つの封筒をいくつかの封筒に分けます。封筒の支店をつくるような感覚です。捨てることから整理整頓を考える癖をつけましょう。

あと、ホチキスを使わないようにすると、すぐにシュレッダーすることも可能となります。

チェック

□

102 活動場所のバッティングは回避

前から貼っておけばいい

使用簿がない場所

□使う可能性がある人にも事前の相談を
□子どもたちにも、なぜ貼っているのかを伝える→教えないと共有の意識が育たないことがある

アナログな方法ですが、いつ／誰が使うのかを伝えておくことが、職場をよりよくします。かち合うとどちらかが困ってしまいまので、何かしらの方法で伝えるのです。

小さなことですが、誰かがやり始めると、同じような方法が広がります。ただ、注意するのは前もって数日前に貼ることです。急に貼ると「早い者勝ち」の空気が漂ってしまいます。「みんなが気持ちよく」をみんなの基本に置きたいものです。

たぶん、今後はパソコン上で予約をすることが当たり前になるでしょう。年間を通してわかる予定は、先に入れておくことがポイントです。人間はなんだかんだ、忘れやすい生き物ですから……。

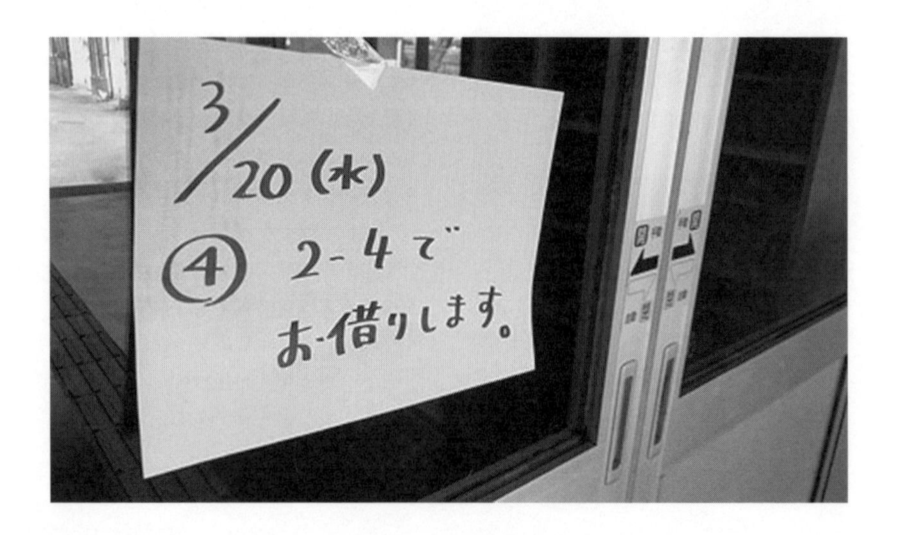

103 何だかんだ使うものはいいものを

長靴と喪服といい電卓購入

20年は使うつもりで

□足は大きくならない→ just サイズを買う
□喪服は少し大きめがいいかもしれない説→「給食」は危険な（＝太りやすい）食べもの

誰に教わったか忘れてしまったぐらい昔に、「いい『長靴』と『喪服』は買っておけ」と言われたことがあります。理由は、とても急に使う可能性があるからです。雪国では当たり前の長靴も、降雪が少ない地方では、いい長靴を持っていない人が多い気がします。近年は、異常気象の関係で豪雨も多く、長靴を使う場面が増えてきました。急に使うからこそ、準備をしておきたいものです。

同様に、喪服も同じ理由です。学生時分には、お葬式に行くことも少なかったでしょう。高校生ぐらいまでは、制服等が、喪服の役目もしてくれました。しかし、社会人となりました。そして、人と関わることが多い教職では、時として「喪服」を着なくてはいけない場面に遭遇することがあります。まだ、いい喪服を持っていない場合は、このページに栞を挟んですぐに買いにいきましょう。

あと、パソコンが当たり前になりつつあっても、意外と「電卓」を打つことがあります。間違ってはいけないときにすっと出せる大きめの電卓には、隠れた需要があります。けちらずに、売っている中で使いやすそうで一番高いものを買うのも、ストレス0の仕事の方法です（ちなみに教員採用試験の合格の知らせをくれた知り合いには、いい電卓をプレゼントしています）。

チェック □

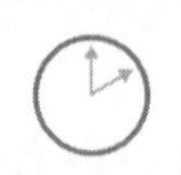

104 まだまだ紙の多い世界なんだなあ

時間軸で紙を受け取る方法

数日休むときには

□看板は、ダンボールを切って貼りつける
□いつまで来ないかを、とりあえず書いておくことも休むための小さなマナーになる

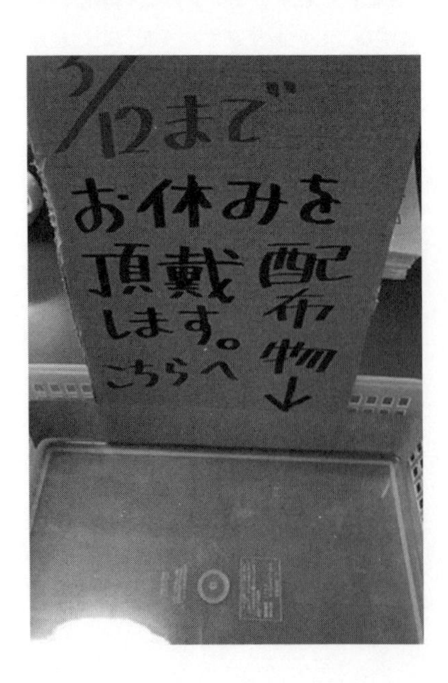

「デジタル庁をつくりましょう」なんて話が進んでいます。しかし、学校はまだまだ紙文化の仕事場です。ためしに事務室で1年間の紙代を聞けば、腰が抜けるほどの金額であることがわかります。

紙を1日1枚ももらわない仕事場は、まだまだ少ないのが現状です（もしかしたら、全て電子でという学校もあるかもしれませんが……)。

普通に毎日出勤できればいいですが、急に家族が病気になったり、忌引きのため故郷に帰ったり、また結婚休暇で数日休むときもあるでしょう。どちらにしても、数日休むと、机上の紙がばらばらとある様子が、頭の中にちらついてしまいます。

私は数日休むときは、写真のようなレターケースを机の「中心」に置きます。サイズはA4サイズがいいでしょう。そうすると、自然と向きをそろえて入れてくれます。地層のように情報が順番になる点がポイントです（ときたまB4があっても折って入れてくれるはずです)。

逆に、他の先生が急にお休みになったときは、そっと机上のプリントの向きをそろえて重ねるような心配りができるといいなといつも思っています。とにもかくにも、紙と上手に付き合っていく必要があります。

チェック □

105 自分だけじゃなくみんなのゴミ箱

45ℓのゴミ箱は私物です

捨てることが仕事

□サイズは迷わず45ℓ→学校の基本サイズ
□利き手側にゴミ箱を置けるようにする＝そこまで考えて「職員室」の座席をねらう

経験則的に、机が汚い人や整理整頓ができない人の近くには、ゴミ箱がほとんどありません。あったとしても、小さく捨てづらいものが多いのが現状です。

ゴミ箱は自腹で買っても、それほど値段が張りません。Myゴミ箱があれば、不要なものはどんどん捨てられます。実際には捨てることより、捨てる環境をつくる方が、数倍意味があります。ご近所の先生方に使ってもらう声かけができると、みんなもぐっと助かります。異動のときはゴミ箱も異動です。引き出しの文具を入れて、いざ異動。

チェック

106 自宅と仕事場の区市町村が違うなら

ゴミの捨て方は、ご存知？

捨て方から学ぶ

□大きなゴミを捨てるときには、要注意

□学級通信でもクイズ形式で迷うゴミについて紹介してみると方法も具体的でgood

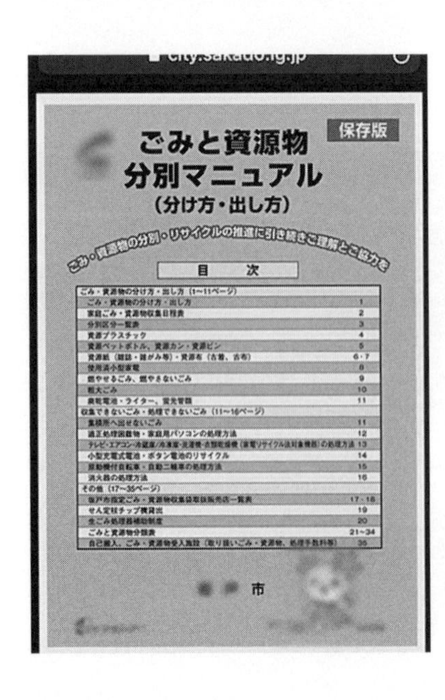

保存版

ごみと資源物
分別マニュアル
（分け方・出し方）

ごみ・資源物の分別・リサイクルの推進に引き続きご理解とご協力を

目　次

ごみ・資源物の分け方・出し方（1～11ページ）	
ごみ・資源物の分け方・出し方	1
家庭ごみ・資源物収集日程表	2
分別区分一覧表	3
資源プラスチック	4
資源ペットボトル、資源カン・資源ビン	5
資源紙（雑誌・雑がみ等）・資源布（古着、古布）	6・7
使用済小型家電	8
燃やせるごみ、燃やせないごみ	9
粗大ごみ	10
乾電池・ライター、蛍光管類	11
収集できないごみ・処理できないごみ（11～16ページ）	
集積所へ出せないごみ	11
適正処理困難物・家庭用パソコンの処理方法	12
テレビ・エアコン・冷蔵庫/冷凍庫・洗濯機・衣類乾燥機（家電リサイクル法対象機器）の処理方法	13
小型充電式電池・ボタン電池のリサイクル	14
原動機付自転車・自動二輪車の処理方法	15
消火器の処理方法	16
その他（17～35ページ）	
坂戸市指定ごみ・資源物収集袋取扱販売店一覧表	17・18
せん定枝チップ機貸出	19
生ごみ処理器補助制度	20
ごみと資源物分類表	21～34
自己搬入、ごみ・資源物受入施設（取り扱いごみ・資源物、処理手数料等）	35

市

職員室でゴミを捨てるときに、「このゴミは何ゴミだろう？」と迷うようなケースがあります。同じように、教室で子どもから質問されて、即答できない場合もあります。

自宅と仕事場が同じ区市町村ならば、ある程度わかるはずです。しかし、住居区が違う場合は、同じゴミでも不思議なことにゴミの種類が異なることが多々あります。

子どもから聞かれて、うその情報を伝えてしまうと、それは継続して家庭にも届くうそになってしまいます。「捨てる」とは、環境を整える意味だけではなく、精神的にも気持ち的にもクリアにする大事な行為です。そこがぐらぐらゆれてしまうと、仕事にも影響をきたします。

今は便利な時代で、自治体のホームページをたずねていくと、ゴミの捨て方についてのサイトが、すぐに見つかります。だいたいに、わかりやすくイラストがついていることでしょう。

また、最近では自治体が分別の判定をしてくれるアプリを配信している場合があります。具体的な品名を入力すると、「これは◆◆ゴミです」と教えてくれます。お墨付きをもらうような感じです。迷っていたゴミを堂々と捨てることができます。

捨てないことには、始まらないのです。

チェック
□

107 色の工夫と、情報を時間軸で管理

職員会議は〈転記〉のお時間

情報は手帳に一元化

□指定席でなければ、どこに座るかが重要
□転記終了→残す資料／処分する資料を分ける

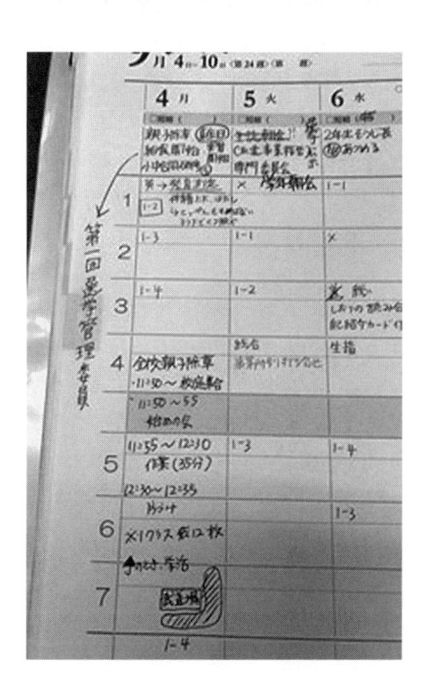

定例で行われている「職員会議」で、他の先生を見てみると、いろいろな発見があって面白いです。今まで一緒にやった先生で、職員会議に「のり」と「はさみ」を持って、せっせと作業している先生がいました。あとで「何をしているのですか？」と聞いてみると、職員会議資料の中で、必要なものだけ手帳等に貼っていると教えてもらいました。

職員会議資料は綴じるために、穴が空いている場合が多いでしょう。つまり、ファイリングされることを前提にしています。ファインリングが得意な先生はいいですが、苦手な先生はひと工夫が必要になります。

ファイリングは、情報が１つのカテゴリーで分類されていますが、日常は時間軸を中心に進んでいます。だからこそ、職員会議の大事な内容は、教務手帳にメモ（＝書き込み）したり資料を貼ったりします。その手間の効果は絶大です。

具体例としては、合唱祭で音楽室やピアノが使える日を手帳に書き込みます。そうすると、その前日や当日に教室で子どもたちに伝える話の内容が変わってきます。

学校現場は、種類毎に情報を分類するよりも日時毎に情報を管理する方が、スマートに対応することができるのです。

チェック
□

108 意外と滞在時間が長い印刷室にて

印刷室にカレンダー設置

盲点な空間を design

□12月頃に来年度のカレンダーを keep
□印刷機やコピー機の説明書も１度読むと good →知られざる便利な機能が眠っている

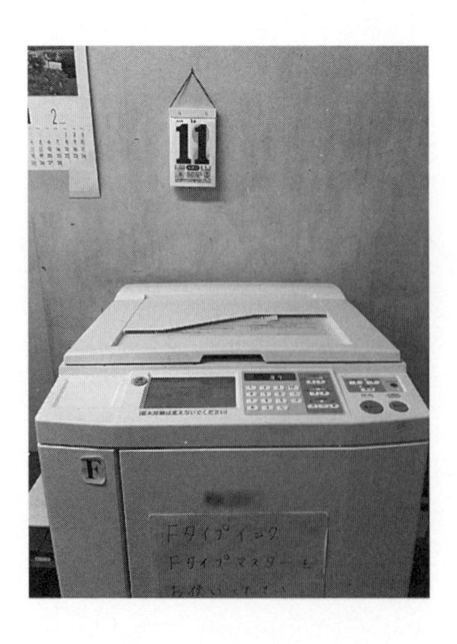

左の写真は、印刷室の１枚。左側に月のカレンダーと、右側に日めくりカレンダーが壁につけられています。

職業柄、印刷機を使う時間は、一定時間あります。プリントが必要枚数仕上がるまでには、少し時間がかかります。正真正銘の手持ちぶさたにならないように、カレンダーを壁に用意するのです。

月のカレンダーは、複数月を眺めることができるタイプが〈おすすめ〉です。例えば、１か月先を見ていると、「これは早めにやった方がいいかもしれない」という気づきがけっこうあります。気づきは、仕事の加速装置になるので、印刷の待ち時間も馬鹿にはできません。ちなみに、印刷室の月のカレンダーは、文字の大きな書き込めるタイプではなく、写真が大きなものがいいでしょう。無機質な印刷室に、いい空気を醸し出してくれます（書き込むタイプのカレンダーは、教室や廊下、また掲示板や体育館等に使うことが効果的です）。

日めくりカレンダーは、日付以外にも、たくさんの情報が書かれています。知られざる世界の格言であったり、おせっかいのような今日の行動の指針であったり、印刷を待つ時間を埋めるには、ちょうどいい情報が見つかるでしょう。あと、めくる楽しみもあります。ちょっとした「工夫」で印刷室を変えてみませんか？

チェック □

109 いつも見つからない人にならない

どこにお主はいるのじゃ？

居場所を伝える癖

□選択肢はハードケースに入れておく
□年休／出張／会議中／保護者対応／準備室／教室／部活中など自分の行動の可能性を表示

職場でいつも行方不明の人はいませんか？　一人ぐらいは頭に浮かぶ人がいるかもしれません。よく考えてみると、探す側は必要だからその先生を訪ねている訳です。

もしかしたら、一刻を争うような案件かもしれません。学校現場でどこかへ行くとしても、それほど選択肢が多いわけではありません。だから、自分がいる場所を伝える紙を用意するだけで、行方不明扱いされなくなります。出張や年次有休の場合も、この方法で伝えておくと、探す側の時間が無駄になりません。

校内放送がかからないようなひと工夫が仕事にあると good なのです。

チェック □

110 考えないための具体的な例の１つ

募金はいつも10円と決める

決めちゃえば、楽

□10円がないときは、募金はさっとあきらめる
□考えることは意外とつかれる＝つかれることは意味のあることだけでたっぷりつかれるようだ

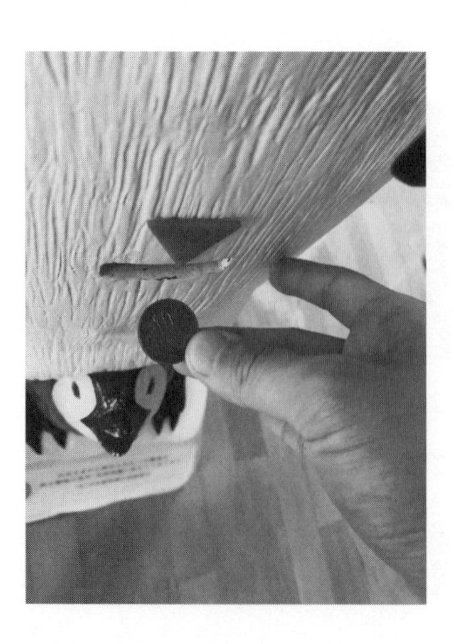

いろいろと考えるために、逆に考えないことを決めるのです。本当に考えなくてはならないことのために、考えることはとっておきます。

高校１年生のとき、毎日「学食」で何を注文するか考えるのが苦痛でした。順番がどんどん進み、自分の順番になり、どうしようか迷ってしまう、あの優柔不断にまとわりつく「どきどき」が嫌いでした。しかし、あるとき「毎日同じものを注文することにしたら……」と仮説を立て、それ以来高校３年間はほぼ毎日カレーを食べ続けました。次第に、学食のおばちゃんは、私の顔を見るやいなや黄色いカレーの札を手に取るようになりました。注文することさえなくなったのです（そういう意味で給食もありがたく思います。考えなくても勝手に出てくるので）。

その癖が、今もあります。つまり、余計なことは考えないようにしているのです。募金箱があれば、いつも迷わず10円入れます。お賽銭も基本的には10円です。

外食したときは、お値段の安いメニューから見ません。メニュー表の価格が高いものから見て、支払いできる範囲で、注文を決めてしまいます。迷わないためのちっぽけな工夫です。結果、迷いません。他でいろいろと考えるために、自動的に決める方法を大事にしています。

第3章

教師人生をもう少し豊かに・リフレッシュ

チェック □ 

111 バイオリンだって緩めるのだから

ずっと頑張りつづけない

頑張るは〈瞬間芸〉

- □ブレーキをかける練習だって必要
- □誰か相談できる人は？　もし、もうだめなときは、山本純人でよかったら話を聞きます

A4の紙に太字のペンで書いた「頑張るときを間違えない」は、わたしのスマホの写真の中で、♥マークのお気に入りの中にあります。自戒の念と、ときどき子どもたちに向けて、黒板に書いたこともありました。

多くの学校の先生は、一生懸命やっていると思います。しかし、その一生懸命の裏側には毎年5000人以上の精神疾患等の休職者がいるのです。さらに、休職の前の段階の病休者を含めたら、相当の数になってしまうでしょう。さらに、病休の前の段階の眠れない先生を含めたら、この国はどうなってしまうのだろうか……と心配になります。

以前、私もストレス等で調子が悪くなり、右耳が聞こえなくなる数年間がありました。なんだか眠れない日もそれなりにありました。今はこんな風に本を書いていますが、その当時は寝ても寝た実感がなく、朝を迎えた日も数多くあったのです。

先生という職業は、基本ベースが「まじめ」でできています。いろいろとやりすぎてしまうことが多くありませんか？だからこそ、アクセルを踏むよりもブレーキの技術の方が求められます。自分を戒めてそっと守ってくれる「お守り」のような言葉が、一人ひとりの先生に必要なのです。

チェック □

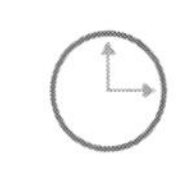

112 個人的には小児鍼ができるところ

車検ならぬ人検を定期的に

段々若くなくなる

□職場の先輩に聞いてみるのも直球でいい
□同じように歯医者も痛くなる前に行くように→痛みは仕事のブレーキになるので

新車を買えば、新しいので車検までの年数が数年あります。しかし、年数が経つと車検までの年数が短くなるのが常識です。めんどくさいですが、大きな故障を防ぐために必要になります。

学校の先生も同じです。大学を出たての場合は、多少の無理も効きます。しかし、段々そうもいかなくなってきます。そこで、身体の車検（人検）を定期的にすることが、長い目で見て打率の高い仕事の方法です。

私の場合は、整体と鍼灸に定期的に行っています。頻度的には月に１度ぐらいです。壊れる前に壊れないようにメンテナンスするようにしています。車と同じように壊れてからだと、修理に時間がかかります。身体も壊れる前に壊さないが一番です。

「では、どこに行ったらいいか？」という悩みが出るでしょう。鍼灸の場合は、赤ちゃんに鍼を打つ「小児鍼」をやっているところは、個人的な感覚ですが、初心者や最初のメンテナンスに向いていると思います。

理由はいくつかありますが、まず赤ちゃんに鍼を打つには技術が必要だからです。「小児鍼」と看板を出しているあたりで、技術の高さを感じます。また、「小児鍼」をやっているところは、あまり鍼の痛みがありません。初めての人もその点安心できるはずです。「地名　小児鍼」で検索を。

チェック □ 

113 雪国でなければ選択肢に入れて

行きと帰りが、ジムなんだ

「自転車通勤」論

□いい自転車を、いい自転車屋さんで買う
□いい自転車はそれなりの値段がするが、車を買うことを思えば、たかが知れている

自宅から仕事場まで、朝通勤して夕方帰宅します。その距離は人それぞれですが、距離を有効に使うのも、仕事です。

私の場合は、往復30㎞を自転車で通勤しています。そのおかげで体重も8kg落ちて、お腹まわりも脱おじさん化です。わざわざスポーツジムに通うことなく身体にいいことができるなんて、一石二鳥以上の効果があります。また、自転車を漕いでいる時間は、頭の中が整理整頓されて、気持ちのリフレッシュタイムです。車を維持するお金もかからず、お財布にも優しい自転車通勤はいかがでしょう。

チェック □

114 I'm teacher の I'msorry の技術

「ごめんなさい」の上級者

誰でも失敗するよ

□「謝る言葉」をたくさん知っておくこと
□将棋の藤井聡太が投了するときの「頭の下げ方」は、頭の下げ方の見本のようだ

仕事を進める中で、実は「謝る」技術が大事です。失敗をしないにこしたことはありませんが、先生も人間ですから、当然間違ってしまうことも多々あります。

謝る対象も、目の前の子どもであったり、保護者であったり、同僚であったり、上司であったり、地域の方であったり、業者の方であったり、さまざまです。

世の中には謝ることができないタイプの人がいます。しかし、他人を変えることは期待しない方がベターです。よく言われる「他人と過去は変えられない」という言葉のように、かなり難しい面があります。

それよりも、自分の謝る力を高めようと思った方が健全です。例えば、謝る検定があったとしたら、何級 or 何段だと想像できますか？　なかなか自分が「名人」だと自覚できる人は少ないでしょう。

だから、もし失敗したら、「これは謝る経験値が高まる！」と思って、謝ってしまいます。それ以上もそれ以下もないのです。変えられないことは悩まないことが、心の健康を守ってくれます。

そんな姿が、子どもたちにいい意味で伝わるのです。人間味とは何か特別なことをするのではなく人間らしいことを人間らしくやり続けた結果、にじみ出るのでしょう。

チェック □

115 増える一方にしないための〈宿題〉

夏＆冬休みはシュレッダー

ほとんどさよなら

□ほとんど捨てても大丈夫
□見つからなかったときは、また印刷すればいいし、見せてもらえばいいと悟る

GIGA スクール構想が進めば、紙は以前と比較すれば劇的に減るでしょう。しかし、0にはなりません。そして、紙の書類と上手に付き合う方法は、実は管理するよりも処分する方に重点があります。

私の場合は、紙の封筒を再利用して、それぞれの書類を分類していきます。学校現場では、行事等があるとよく使う書類が決まってくるのが実状です。逆に、ある一時が過ぎれば、使用頻度が下がる書類がたくさんあります。

問題は、その書類をいつ処分するか？ということです。私の場合は、夏休みと冬休みにシュレッダーをかけます。つまり、１学期使い終わった不要な書類は夏休み中に、２学期に使い終わった不要な書類は冬休みに捨てます。子どもたちに宿題があるように、処分は教員に課せられた宿題みたいなものです。

ただし、春休みは基本やりません。１学期＆２学期と比較して、大きな行事が少ないことと、異動の先生が使いシュレッダーが混むからです。シュレッダーをかける順番を待つ時間ほど、馬鹿げた時間はありません。

あと、常日頃からシュレッダーをかける癖をつけておくことも大切です。旬を過ぎた書類は基本的には思い切って処分です。

チェック □

116 自分のために「線」を引くこと

自分なりのSNSルールを

自分で制定する

□投稿のプライバシーの設定は細かくする
□もし、この本を読んで興味関心を持ったらFacebookで申請OK（ひと言あれば◎）

SNSを使う動機はそれぞれです。私の場合、基本は情報交換がベースになっています。こちらも情報をあげるし、逆に情報をもらうという関係が理想です。しかし、そうではない人もいて当然です。例えば、マイナスな内容を書くことで、同情やなぐさめの言葉をもらうことが目的の人もいます。いていいんです。しかし、それには付き合いません。その人のタイムラインが流れないようにすぐ設定です。自分の気持ちを守るために、この線引きだけはこっそりと確実に行って、SNSをやっています。

チェック

117 どうせやるなら、資格を増やそう

勝手に免許更新してしまう

好きなことで更新

□都道府県の教員免許課に事前に相談しよう
□同じ校種で違う免許を取るよりも、異校種で取る方がいいかも

教員の免許更新制度がなくなればいいと思っている人は、本当にたくさんいます。個人的には、変えられないことでは悩まないようにしています。だから、免許更新制度自体は変わるまでは「しょうがない」産物として上手に付き合っていこうと考えています。

しかし、何事にも裏道があるのです。実は、新しい免許を「申請」すると、免許更新が10年ずれます。つまり、違う教員免許状を取得すると、免許更新をやる時期が遅くなるのです。後述しますが、免許法の別表第８という方法を使うと、所持免許の隣接免許が免許更新と同じぐらいの講座数で新しい免許が取れます。もちろん、期限に慌てさせられたり、管理職に「どうなっているの？」とたびたび確認されることもありません。自分のペースで１年に１単位ずつぐらいの緩やかな時間で、少しずつ取れます（免許更新は、短期間で一気に取る場合が多く、正直疲れてしまうのです）。

先ほど、「申請」に「　」をつけましたが、ここにも大きなポイントがあります。申請に必要な単位を取得しても、ぎりぎりまで申請をしないのです。申請が受理されてから新しい免許が発行されます。発行から10年後に免許更新です。私は、この方法を使い、今までに免許更新時期を２回ずらしています。

チェック □ 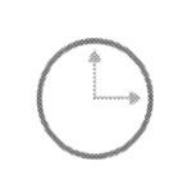

118 1度やってみるとわかることあり

年休をいくつ使えるか実験

計画的な年休消化

□休むときはお互いさまの空気感をつくる

参考：世界19ヶ国 有給休暇・国際比較調査2018
(https://welove.expedia.co.jp/infographics/holiday-deprivation2018/)

以前、世界の有給休暇消化について調べたことがあります。そのときは、ブラジルとフランスが1位でした。そこで、自分が日本を代表して、年次休暇をどれだけ取得できるか？　を実験しました。もちろん、他の先生に迷惑にならないように計画的にせっせと取りました。本当に一生懸命です。

結果は、年間で30日取るのが精一杯でした。授業に穴が空かないように時間割を動かしたり、仕事を先取りして休みを取ったり、休むことで大きく迷惑にならないように工夫を重ねました。一度やってみると、休むために工夫する力が高まり、仕事のONとOFFがつけやすくなりました。ぜひ迷惑をかけずに年休をたくさん取るchallengeをしてみましょう。

チェック
□

119 例えばZoomで〈手話〉をならう

Zoomでならいごとしよう

いつでもVersion up

□仕事以外の時間の使い方が分かれ道
□もし手話をやりたい人がいれば、いい先生をご紹介→やりたいと思った日が、吉日

コロナ禍で、今後のために書いておきたいことです。学校から自宅に直帰することが増えました。飲み会もまったくと言っていいほどなくなった1年でした。そんな中、Zoomは生活にすっとなじみました。これを使わない手はありません。つまり、今まで行かなくてはならえなかったことを、ここぞとばかりにならうのです。私は手話を北海道の先生にならっています。普通では無理な距離です。オンラインのならいごとは、自分を新しくするためにも力を貸してくれます。古くならないために、新しく。

もし、手話をならいたいときはLLCみらいねっと→ https://shuwa.site/
問い合わせ　info@shuwa.site まで。
最初に「山本純人本」からの紹介です！と伝えると、話が早く進むと思います。

チェック
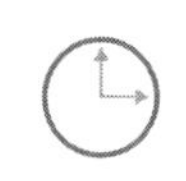

120 基本 ①人数 ②大きさ ③位置

PPTづくりの超初心者講座

誰にも教わらない

□「高橋メソッド」が、使える
□文字を大きくして、その補足をしゃべるように講座をつくる手法も、定番ながら鉄板

セミナー等で登壇する人も、読者の中にはいることでしょう。PPTをつくるお仕事にはちょっと「こつ」があります。それは、文字を半分よりも上にすることです。参加者がいると、PPTの下半分は頭で見えなくなる確率が高くなります。下半分に、これでもかと書いてあるPPTを見ると、後方から悲しい気持ちになるのです。内容はともかく、文字を大きく写真を添えて、上部に文字を配置すれば、満足度最低50点は取れることでしょう。特に、文字は大きすぎるぐらいが「高評価」につながります。

チェック □ 

121 傘を使うときはみんな一斉

馬鹿にならない傘のお作法

「傘がない」問題

- □学年カラーの傘を買ってみるのも一手
- □人様よりもサイズが大きかったり、逆に小さかったりする工夫もありと言えばあり

職員玄関に、どの学校も先生用の傘立てがあります。昭和の時代からずっと使っているような傘立てが、イメージできるはずです。登校指導または下校指導のときに、雨が降っていると、みんなが傘立てから傘を探して、出かけていきます。

日本人の特性なのか、教員の職業柄なのか、本当に似ている傘がたくさんあります。特に、男性が使う傘は、黒色・紺色・ビニール系と、すぐに自分のものか判断するのが至難なことが、結構あります。万が一、他人様の傘を持って行ってしまったら、その先生が困ってしまいます。だからと言って、慎重に傘を探している時間ももったいないです。

私は、学校で使う傘には、意味不明なシールを貼っておきます。写真では「ほんのきもち」という贈答用に使うシールがぺたりと貼ってあります。だから、傘を探すというよりは、シールを探すという感じです。だから、探す時間は誰よりも短くなります。置く位置を角っこにしても、みんなが角っこに置きたがるので、あまり効果はありません。

もちろん、高級な傘を買うのも手です。また、奇抜な色の傘を学校用に用意するのも、イメージ戦略として使える先生もいるでしょう。どちらにしても、自分の傘をさっと見つけられることが重要なのです。

チェック

□

122 基本は「捨てる」か「あげる」か

ゴミ箱1つで人事異動する

いつも〈45ℓ〉以内

□ゴミ箱にも油性ペンで名前を書いておく
□私は車を持っていないので、次の学校に宅急便でゴミ箱を送る荒技を使い続ける

左の写真をよくご覧ください。突っ込みどころはいくつかあるかと思いますが、「山もと　私物」と油性ペンで書いてあるところから説明してみましょう。

この「ゴミ箱」は、3校前の高校教師をやっているときに買いました。それ以来、異動のときはずっと、次の学校に一緒に異動します。

つまり、この45ℓのゴミ箱に入るものだけが、わたくしの私物となります。段ボールに何箱も詰めるようなことは、ここのところ異動ではしていません。

学校で仕事をすると「私物」が増えてしまいがちです。もちろん、それを0にすることは難しいことも、よくわかります。だから、異動といういい機会に、私物の数をコントロールするのです。

私は異動の可能性がある年は、1年間かけて少しずつ「もの」を減らし始めます。どうしようもないものは、当たり前ですが捨てます。

しかし、捨てるには忍びないものや、まだまだこの学校で活躍しそうなものは「形見」のようにあげてしまうのです(押しつけにならないように注意する必要もあります)。異動断捨離は、次の学校でのスタートも軽々始めるきっかけになります。

チェック
□

123 実は、経験が取得単位に返ってくる

教育職員免許法は読むべし

お得な【別表第８】

□免許法の【別表】は裏技の宝庫
□住んでいる都道府県教育委員会の免許課に相談すると、意外といい情報が得られる

　ある程度経験してから、途中で新しい免許を取る人がいます。そのときに使えるのが教育職員免許法です。新たな免許を取るのに、インターネットで調べると、費用も日数もかなりお得になります。

　また、新しい免許を取得すると、免許更新をずらすことができるのです。いやいや免許更新を受けるのではなく、いそいそ違う免許の単位を取って、更新時期をずらしてしまいます（免許更新と、ほぼ同じ単位で取れるでしょう）。特に、違う校種がおすすめです。視野を広げる視点で行いましょう。

根拠規定	教育職員免許法第6条 第2項別表第8				
基礎資格					
修得単位	教科				教職
	以上	以上	以上	以上	12 以上
修得機関	大学通信教育				
専攻					
基礎免許状	中学校教諭1種免許状 国語 平成 12 年 3 月 31 日				
在職年数	中学校教員 3年以上				

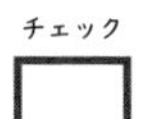

124 自己紹介カードがわりぐらいで◎

名刺を持っている先生に

〈学校〉以外がある

□とりあえず、最初は「しょぼくて」上等
□慣れてきたら、少しずつ自分の「こだわり」を名刺に表現していくのも楽しみ

自宅→学校→自宅→学校……のくり返しになると、自分の世界がせまくなってしまいます。ちがう世界とつながるための準備が、なんてことはない名刺づくりです。

漢字から「名」を「刺」だと思うと、ハードルが高くなってしまいます。そうではなく、自己紹介カードに毛が生えたぐらいとイメージするといいでしょう。名前と仕事場がちょこっと書いてあれば、及第点です。つくった名刺をしのばせておけば、あとは大丈夫です。もし、何かの拍子に知り合った人がいれば、そっと出します。

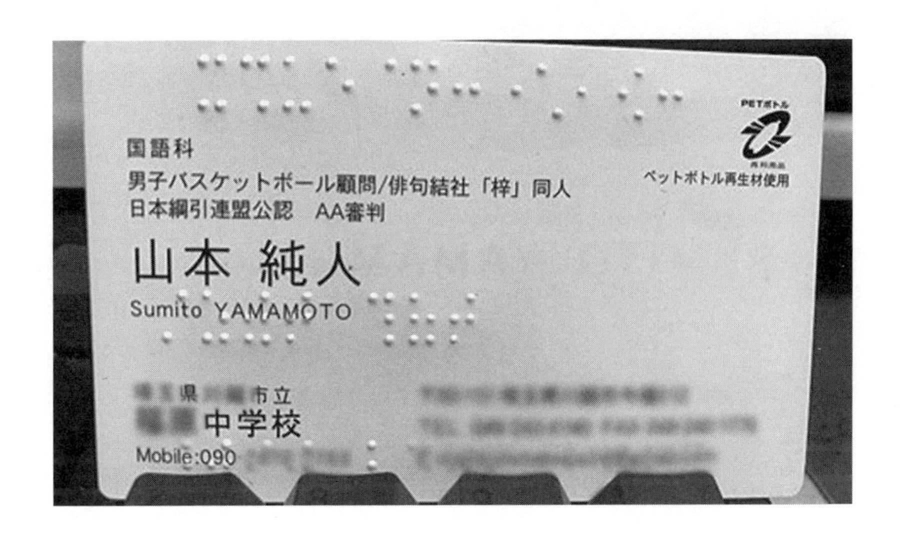

チェック

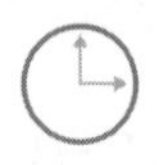

125 「はがき道」は一日にしてならず

すぐ「はがき」で送っちゃう

あとではほぼ無理

□自分の住所と名前は先に書いておく
□はがきでつながった人間関係は、あとあとまでもつながるのでとてもおすすめ

名刺をもらうことがあります。しまってお終いではもったいないです。では、どうすればいいかのヒントを教えてくれる本があります。それは、坂田道信さんの『ハガキ道』の関連の書籍です。

詳しいことは省きますが、「複写はがき」というものを使って、はがきを書きます。たったこれだけです。Google 等で検索をかけると、すぐに「複写はがき」が見つかるでしょう。「複写はがき」「官製はがき」「ボールペン」の３点セットを、鞄に忍ばせておけば、いつでも御礼が肩ひじ張らずに書けます。

私の場合は、セミナー等で名刺をもらったら、帰りの新幹線または宿泊地でさらっと「ありがとうございました」の内容を書いて投函します。経験則的に、あとでやるのは難しいです。できれば、その日のうちに書いてしまうのがベストでしょう（もちろん、名刺等をもらわなかった場合は、Facebook で御礼を伝えることも、１つの方法になります）。

はがきは、自宅にも仕事場にも常時ストックしています。はがきには賞味期限はありません。例えば、100枚買ったとしても、現在の料金で6300円です。１枚洋服を買ったと思えば安いでしょう。ありがとうを伝える道具として、はがきは最強です。

チェック

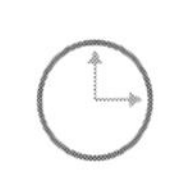

126 本来の「使い方」ではないが……

悪かったことは占いのせい

人のせいにしない

- □好きな占い師を見つける楽しさがある
- □「人のせいにしない」という呪文は、自分の成長に大きく寄与してくれる

学校現場では、いいことも悪いこともどんどん起きます。もちろん、予想の範疇のことが起きる場合もあれば、おっとそれは予想外のことだと思うこともあります。

特に、悪いことが起きたあと、それを引きずってしまうことは、悪いことそのもの以上によくありません。そんなときは、占いのせいにして、気分を変えてしまうのです。占いのせいにするのは、人畜無害で、精神的な健康を保つのに、意外と有効な手段でおすすめです。

そして、自分を変える「きっかけ」に占いの言葉を使うと便利です。誰かからいちいち忠告されるよりも、占いの「前向き」な言葉を自分の中に取り入れてしまいます。

1位	双子座	うれしい知らせが届く暗示。特に午前中がポイント。
2位	蟹　座	あきらめていたことをもう一度確認。幸運はまだあります。
3位	魚　座	第六感が鋭くなりそう。直感的に、いいと思ったことは、即実行。
4位	牡羊座	さっぱりとした態度を心がけると、感度がアップ。
5位	乙女座	恋愛は、夕方から夜にかけてがしあわせが止まりません。
6位	天秤座	吉報が入りそうです、夢を膨らませてよし。
7位	蠍　座	賭け事ことも必要です。ちょっと大胆になって良。
8位	水瓶座	金運良好。今日はお金を気にしないで目一杯遊ぶ。
9位	射手座	口が原因となる。違う意見も聞いてみましょう。
10位	牡牛座	優柔不断はいけません。決断は素早く迷いは禁物。
11位	獅子座	人のフォローばかり引き受けると、ぶち切れそう。
12位	山羊座	いさかいをしそう。冷静沈着になることが必要。

チェック

127 脳みそを空っぽにしてくれるtool

ホワイトボードのある生活

大きめがおすすめ

□ひとり作戦会議をするときに絶大の効果
□より深く学んでみたい人は、「ホワイトボード・ミーティング® ひとまち」で検索する

ホワイトボードは、学校（＝仕事場）にあるものだと決めつけていませんか？もちろん、自宅空間と相談する必要はありますが、大きいものでもパソコン購入の10分の1以下で買うことができます。あれば、お子さんの落書きに使うこともできるし、夏休みの計画を考えることもできるのです。また、悩んでいることがあれば書き出してしまいます。全部書き出してしまえば、問題の半分ぐらいは、もう解決しそうなものです。経験的に、可能な範囲で一番大きいものを購入することをおすすめします。

チェック □

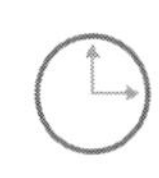

128 いい情報は、いいともだちから

道づれFacebookの〈旅〉

指南役は結構いる

□特に、旅の先達はあらまほしきことなり
□御礼の気持ちを込めて、おすすめされたところへ行った写真をタイムラインに流す

長期休暇で旅をするときは、Facebook等にどこに行くか情報をあげます。そして、おすすめがあれば、少し図々しいですがご指南くださいと書き込むのです。そうすると、ガイドブックにはない「いい情報」がタイムラインのところにどんどん並び始めます。本当にありがたいことです。先生の仕事を離れてのリフレッシュの旅に、親しい方からの知られざる情報が旅を数倍楽しくしてくれます。ONとOFFが、それぞれ充実していることも、長く仕事をしていく上で、とても重要なことです。

例えば、Facebookで懇意にさせてもらっている竹内新さんには、毎度旅先の情報をたくさんもらっています。文学的な視点であったり、ガイドブックには決して載っていないような情報であったり、いつも感謝感謝です。

チェック

129 「おすすめ」を３つ聞いてみる

わけがわからないところへ

すすめられるまま

□汎用性が広い「おすすめの３つ～」を聞く
□治安や世界情勢にもよるが、若いときの方が遠出が◎＝迷ったら Let's go の気持ち

旅は、リフレッシュの方法です。私は、旅行会社のプロに「あなたのおすすめの国はどこですか？」質問をして、３つ答えてもらいます。その３つの中から、行くところを決めるのです。おすすめするには、おすすめするだけの自信がないと、おすすめできません。まして、旅行のプロが言うのだから、はずれる率も極めて低いのです。自分の行きたいところだけだと視野が狭くなるので、他人からすすめられたところで、見聞を広めます。ちなみに、写真はモロッコの砂漠です。昔は、少し太っていました。

130 どの国にも学校はあるんだから

異国の学校へ行ってみる

自分の目で見る

- □世界の先生とつながる視点を持とう
- □飛び込みも可能かもしれないが、あくまでも予約をして行くことがおすすめ

以前、インドの中学校を訪ねたことがあります。教室の机の配置から、掲示物から異国の学校は、当たり前ですが日本とはまったく違うことばかりです。

海外に行く機会があれば、学校を訪ねる予定を入れてみるといいでしょう。この写真はモロッコの先生と、学校現場の悩みについて話したあとの１枚です。今は便利な翻訳ツールがあるので、以前よりもコミュニケーションが取りやすくなっています。いつもとは違うところへ行ってみると、見えなかったことがよく見えます。

あとがき

あえてだれかのために

この本には2013年頃から今日まで撮りためた「15326枚」の写真の中から選ばれた「130枚」の写真が使われています。約１％の選抜された写真なので、読者の具体的なイメージにつながれば幸いです。

１枚の写真が物語るように、生活のひとかけらのような仕事のやり方を、ヒント集という形で発刊しました。自分の失敗から考えて生み出されたもの、先輩から口伝のように教わったこと、仕事場の同僚から学んだことばかりです。

授業であれば、先行実践がはっきりとわかるものがたくさんあります。しかし、仕事のやり方となるとその線があいまいです。上記のように教わったことの中にも、長い教育界でリレーのように伝えられた内容があるかもしれません。つまり、先に発表された実践がこの中にある可能性がなきにしもあらず、です。万が一のこともあるので、おわびも含めてこのことは大切に記しておきます。

さて、2013年から2021年までの８年間で校種を３つ渡り歩きました。高等学校→中学校→特別支援学校（ろう学校）です。実は、ここで紹介した写真の中には、今ではやっていない取り組みも、正直なところいくつかあります。でも、どの写真が効果的に誰のヒントになるかはわからないものです。誰かに届けば……という願いで載せてある点をご了承ください。

昨年、気がつけば勤続20年を迎えました。20年選手のような顔つきには、まだまだ成れていません。とりあえず「道」の途中まで来た感じです。「あと20年、どんな風に過ごすか？」の「未来の予想図」はわかりませんが、何か新しいことに取り組んでいる気がします。これからも「よどまない」「古くならない」という自戒の言葉を胸に、実践をしてきたいと考えています。

最後に。この本を書くにあたり、たくさんの方から影響を受けました。特に、佐藤功さんを筆頭に、姓名にＳがつく方々には、大なり小なりの刺激をもらい、その刺激が１冊の本になったことはうれしいことです。あなたにも、あなたにも……全員の名前は書けませんが、ありがとうございました。もちろん、Ｓのついていないあなたにも、ありがとうの気持ちでいっぱいです。

そして、「センセイの仕事についての本を書いてみてはどうでしょうか？!」とそっと背中を押してくれた及川誠さん。前述の校種をまたぐ度に、遅筆が加速的になり、本当にご迷惑をおかけしました。きりんの首のように、これでもかと長く待ち続けてくれた及川さんがいなかったら、この本は日の目を見ることはなかったはずです。改めて御礼を申し上げたいと思います。

この本をを介して、読者のみなさんと、いつかどこかで「つながれる」ことを楽しみにしています。何かあれば巻末の連絡先にご連絡いただければ幸いです。最後の「あとがき」までお読みいただき、心から感謝しています。

令和３年５月

夏めきて渡り廊下の途中かな　　　　山本　純人

※夏めく（夏の季語）

【著者紹介】

山本　純人（やまもと　すみと）

1977年生まれ。旅人。俳人。歌人。審判員。
埼玉県公立学校教諭。

数年の臨時採用を経て、小学校教諭として採用。
その後、中学校、高等学校を経て、現在特別支援学校勤務。
著書には『今日から使える！いつでも使える！中学校国語授業のネタ＆アイデア99』（明治図書）『クラスがまとまるチョッといい俳句の使い方』（学事出版）ほか、共著多数。

深煎りの珈琲豆／芋焼酎が好き。https://note.com/sumito171

原稿執筆／研修依頼（含：初任者研修／年次研修）ならびに
感想／相談等＋遊びのお誘い→ konotabiwa24@gmail.com

ベージュ（beige）
語源はフランス語で「未加工で自然のままの羊毛」という意。

学級＆授業だけじゃない！
センセイの「仕事」入門130

2021年9月初版第1刷刊 ©著　者　山　本　純　人
発行者　藤　原　光　政
発行所　明治図書出版株式会社
http://www.meijitosho.co.jp
（企画）及川　誠（校正）杉浦佐和子
〒114-0023　東京都北区滝野川7-46-1
振替00160-5-151318　電話03(5907)6703
ご注文窓口　電話03(5907)6668

＊検印省略　組版所　中　央　美　版

Printed in Japan　ISBN978-4-18-384016-5